数字化生活 新趋势

U0670838

玩转视频号

视频号

从情感连接到信任经济

刘庆振 牛媛媛 陈疆猛

著

电子工业出版社

Publishing House of Electronics Industry

北京·BEIJING

图书在版编目（CIP）数据

玩转视频号：从情感连接到信任经济 / 刘庆振，牛媛媛，陈疆猛著. —北京：电子工业
出版社，2020.10

（数字化生活·新趋势）

ISBN 978-7-121-39579-6

Ⅰ. ①玩⋯ Ⅱ. ①刘⋯ ②牛⋯ ③陈⋯ Ⅲ. ①网络营销 Ⅳ. ①F713.365.2

中国版本图书馆 CIP 数据核字（2020）第 175913 号

责任编辑：周　林
印　　刷：三河市鑫金马印装有限公司
装　　订：三河市鑫金马印装有限公司
出版发行：电子工业出版社
　　　　　北京市海淀区万寿路 173 信箱　　邮编：100036
开　　本：720×1 000　1/16　印张：14.25　　字数：182 千字
版　　次：2020 年 10 月第 1 版
印　　次：2020 年 10 月第 1 次印刷
定　　价：60.00 元

凡所购买电子工业出版社图书有缺损问题，请向购买书店调换。若书店售缺，请与
本社发行部联系，联系及邮购电话：（010）88254888，88258888。

质量投诉请发邮件至 zlts@phei.com.cn，盗版侵权举报请发邮件至 dbqq@phei.com.cn。

本书咨询联系方式：zhoulin@phei.com.cn。

每个人都应该有个视频号，用来记录自己真实的生活。

让视频号成为我们记忆的一部分，记录下自己每天经历的难忘的事情、美丽的风景及心灵的成长，让它陪伴着我们寻找答案、寻找朋友、寻找新闻、寻找意义，寻找我们自己是谁，以及我们可以成为谁，让它成为我们身份的一部分。

从表面上看，它只是一段段简短的影像，但归根结底，它其实是我们自己内心的映射，是我们对世界的定义和对未来的描绘。当所有用户都用它来记录生活的时候，我们所看到的就是一个更加真实、更加丰富、更加多元的世界，它不像想象中那样完美，当然也不像想象中那样糟糕。

每家组织都应该有个视频号，用来与自己的用户进行沟通互动。

在这里，企业应该转换一种全新的、不同于广告、不同于营销的思路，与整个世界对话。因为在视频号的生态中，任何一家企业，无论大小，都只是其中的一个用户，用户要对这个生态有所贡献才会得到大家的认可。映射到社会现实中，就是你要对整个世界有价值，这个世界才会更加欢迎你。

所以，在视频号的生态里，企业应该忘记广告、忘记营销，转而为你的产品或服务寻找一种与用户进行连接的新方式，它可以是有趣的、有用的、有温度的、有深度的、有时空跨度的、有多样化维度的，这样连接才会更顺畅，也才能够形成企业期待的转化。

Preface ◎

视频号是什么？这个问题就犹如微信是什么一样难以回答。

因为它一直在变，但我想有一点它应该是不变的，那就是它要为这个世界创造一种更有效的连接方式、互动方式和信息过滤方式。

先说连接。过去很多创作者通过文字与世界连接、通过视频与世界连接，但我们会发现这种权利依然属于较少一部分有创作能力的用户。视频号想要做的，是让每一位微信用户都能通过短视频的方式与整个世界进行连接。让每个普通的个体、每家普通的组织，都能够以更加平等的姿态与世界相连。它的价值有多大，现在下定论还为时尚早，因为我们还从来没有经历过这样的时代，但视频号有无限可能。

再说互动。很明显，视频形态已经成为社会互动的主流形态，当然这并不意味着图文不再重要，图文依然有自己特定的用户群体。但视频适合几乎所有的人群，因此我们看到，"10万+"点赞、"1000万+"观看的短视频俯拾皆是。这样的数据提醒着我们，短视频的生命力和影响力在某些方面远远超过了图文。所以无论是个人，还是企事业单位，都不要在短视频的大潮面前犹豫不决了。

还有就是信息过滤。进入互联网时代的用户，面临的最大问题就是信息规模呈指数级增长，而我们的时间和注意力却从未有过丝毫增加。如何解决有限的注意力和无限的信息之间不匹配的问题，是所有互联网企业思考的焦点。事实证明，人工过滤、搜索过滤、算法过滤和社交过滤都有一定的局限性，视频号企图通过综合所有信息过滤机制的优点而提供一套全新的解决方案。它会不会成功？这需要时间来验证。

但是作为内容创作者或企业营销者，我们不能等到视频号完全成熟之后再纵身跃入那片届时已经竞争白热化的红海，恰恰相反，我们应该在它内测的阶段、上线的阶段、全面开放的阶段就主动地去拥抱它、使用它、激活它的价值，并与所有用户一起协助它完善自身的功能和生态。因为只有这样，我们才会有切身的体会，就好像我们从始至终见证着微信的不断完善一样。

本书不仅为所有读者描绘了视频号所开启的美丽新世界，而且教读者怎么利用视频号提升自己、完善自己，具体包括如何从 0 到 1、从 1 到 100 去玩转视频号，如何从一名"小白"进阶为一名合格的视频号创作者。可以说，从入门定位到内容创作，从人设打造到流量变现，从拍摄技巧到推广运营，本书为广大读者提供了非常具体的操作方法。读完这本书，我们就能够轻松玩转视频号、抢占新风口、收获新红利了。

无论平台本身，还是用户自身，已经都逐渐地意识到：互联网世界的流量并不是无差别的流量，A 用户的点击浏览与 B 用户的点击浏览并不应该被视为等同的价值。所以，与其追求那些无差别又无效的流量，不如好好思考怎样获取更有价值的精准流量。

这件事情看上去很简单，但做起来恐怕很难。它需要我们所有的视频号创作者和平台一起，时刻保持一种为世界创造价值的积极心态！

目录 ⊚

Contents ⊙

Contents ⊚

Contents ◎

Contents ⊙

第 1 章

视频号：

短视频世界的新革命

1.1 5G 时代的短视频红利

　　短视频是近年来快速崛起的一种新媒体形态，它具有简短、直接、碎片化等特点，对媒体传播产生了巨大影响，并进一步重塑了政治、经济、文化等社会生活的各个领域。也正因如此，我们才会看到近几年各大互联网公司纷纷在短视频赛道上布局，抖音、快手、西瓜、火山、好看、梨视频……众多短视频平台各显身手。

　　在各大短视频平台的竞争已经趋于白热化的时候，微信视频号横空出世，给本来已经热闹非凡的市场带来了更大的刺激和更多的遐想。本书将重点探讨微信视频号平台上的短视频内容将如何改变我们的工作、娱乐、学习和消费。

　　微信推出视频号的时间点，恰恰是 5G 即将全面应用于社会各个领域的时刻，这是值得我们好好思考的。5G 技术已经开始悄然改写移动互联网、短视频市场、传媒娱乐业乃至越来越多商业领域的基本逻辑。那些真正影响历史的技术和观念都不是一蹴而就的，但正如网络上流行的那句话：时代抛弃你的时候连声招呼都不打。

随着 5G 大幕的徐徐拉开及微信视频号加入短视频赛道，我们每个人的生活方式、工作方式、成长方式和盈利方式都会发生巨大的变化，而这些变化归根结底就是本书将重点强调的一个问题：包括短视频在内的视频产品将会成为 5G 时代最主要的信息产品形态、社交互动形态和娱乐休闲形态。

这是一个毋庸置疑的事实，而不是一种假想。

众所周知，从 20 世纪 80 年代开始，我们经历了一个从 1G 通信到 5G 通信快速发展的历史阶段，发展简史如图 1-1 所示。5G 时代的一个显著特征就是万物互联。任何设备都可以接入超级物联网，这也就意味着任何设备都具备了信息采集、存储、展示和传播的媒体属性。

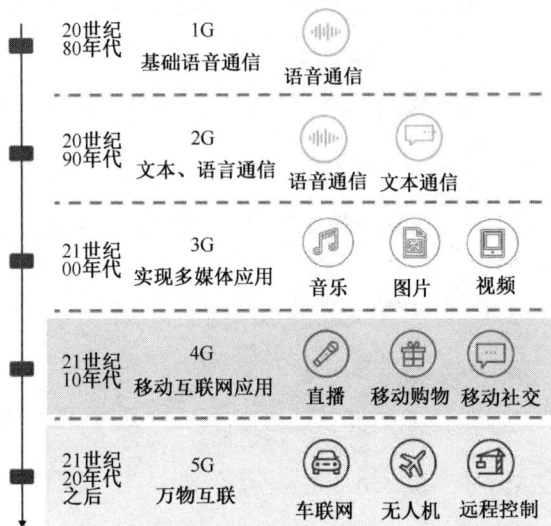

图 1-1 1G~5G 的发展简史

而且，越来越多的设备上正在被安装智能屏幕或者柔性屏幕，除了电视机、电脑、手机等媒介终端，安装在汽车上的屏幕已经越来越智能、功能越来越多，安装在电冰箱、洗衣机上的屏幕也越来越贴心、越来越人性化，还有各类居家机器人的交互界面、城市公共空间中的各种电子显示设备、日常生活中各类场景下的信息展示平台等，我们已经身处被屏幕包围的世界却浑然不觉……

试想，如果有一天——

你进到一家餐厅，就餐的桌面就是一块屏幕；

你进到一家理发馆，坐下来后面对的镜子就是一块屏幕；

你进到一间教室，发现里面的黑板和课桌都是一块块屏幕；

你进到一间酒店的客房，发现床头、洗手间、办公桌等各种可能用到的地方都安装了一块块屏幕；

…………

这一天并不遥远。越来越多的设备都将会在 5G 时代被屏幕赋能，它们能够通过屏幕与用户交互，为用户服务，向用户播放视频。

理解了这一点，我们就能够理解为什么微信要在这样一个时间点推出视频号这样一个产品。从短期来看，视频号或许仍然是个短视频产品，但从长远来看，视频号或许将会覆盖长、中、短各种时长的视频形态。

那么，包括视频号在内的所有短视频平台之所以在最近几年炙手可热，其背后所蕴含的对于整个社会和所有用户的红利究竟有哪些呢？总的来看，我们的新媒体表达方式在经历了"文字—图文—短视频"的演变过程之后，用户获得了越来越多的红利，具体表现在以下几个方面，而这几个方面也正是我们应该重点关注短视频市场的主要原因。

1. **内容从稀缺到丰富**。曾经，报纸的版面是有限的，电视台的频道是有限的，这就意味着受众每天能够消费的媒介内容也是有限的，真正能够符合具体某位受众兴趣偏好的优质内容也是稀缺的。但新媒体的发展改变了这种状况：博客、微博、微信公众号、头条号、视频号每天上传数以亿计的图文、音视频内容，尤其是到了今天的短视频时代，在各大短视频平台上有太多好玩的话题、新颖的想法和有趣的灵魂。可以说，是短视频平台的快速发展让用户们第一次体验到了丰富的内容所带来的快感。

2. **形态从单一到多样**。早期的新媒体由于受到网络技术和传输速度的限制，其内容的展现形式仍然以文字为主，比如博客；后来的 QQ 空间、校内网等则在博客日志的基础上增加了图片等的发布功能；微博则进一步放弃了长文模式，而聚焦于短信息和图片方面；微信公众号则形成了自媒体图文发布形态；4G 网络普及之后，抖音和快手等新媒体平台则在短视频和直播等方面持续发力。今天，包括微博、微信及各种新兴的移动应用 App 在内，越来越多的新媒体平台都同时支持文字、图片、短视频、直播、长视频等媒体形态的发布，甚至有些平台还增加了虚拟现实内容的发布功能。从短视频平台近两年的发展来看，无论是抖音还是视频号，它们都正在试图将图文、直播、短视频、中长视频等各种内容形态整合到自身的功能生态中来。

3. **参与从困难到简单**。早期的用户写博客及使用其他社交媒体时都需要拥有一台电脑，并且该用户要具备较强的读写能力，事实上，尽管识字的用户很多，但真正能坚持写博客的人依然是少数。哪怕到了 2017 年，微信公众号的数量也才 1200 多万个，头条号的数量则在 400 万个左右。这也就意味着，尽管阅读、评论和转发的难度并不大，但用户真正参与创作新媒体内容的难度依然相对较大。短视频平台则改变了这种状况，它将用户参与的前台和后台都集中在了移动应用 App 上，拍摄、剪辑、发布、观看、评论、转发等所有操作几乎都是傻瓜式的，从而极大地降低了用户参与的门槛。也正因如此，抖音和快手迅速积累了数以亿计的日活用户，而视频号更是将目光聚焦在了微信的 12 亿活跃用户身上，它正在激活微信所有用户利用短视频表达自我的欲望。

4. **权利从精英到大众**。正是因为参与难度越来越低，才使得越来越多的用户都拥有了表达的权利。今天，无论用户从事什么职业、拥有多少知识、获得多少收入，他们都可以相对平等地通过新媒体平台展示自己的生活，表达自己的观点。2020 年 2 月 10 日，抖音用户"谁家的圆三"在线直播睡觉，在时长为 6 小时的直播中，他收获了 4205 音浪，送礼人数有 800 余人，观众总数为 54.4 万人，新增粉丝 800 多人。他表示："我直播睡觉真的只是因为我无聊，但我没想到你们比我更无聊，醒来时我被吓了一跳，原来睡在床上什么都不做真的可以赚钱。"第二天下午 5 点，"谁家的圆三"再度被粉丝要求去睡觉，直播间人气 1 分钟之内达到了 10 万人次。相比上一次，"谁家的圆三"此次睡觉直播的人气迎来了爆炸式的增长，在时长为 12 个小时的直播中，送礼人数高达 3.9 万人，观众总数为 1857 万人，新增 20.9 万粉丝，收获 76.8 万音浪。类似的案例在今天的移动互联网环境中还有很多，但在过去的大众媒体时代，普通人"一夜爆红"的可能性微乎其微。包括视频号在内的越来越多新媒体平台，正在赋予所有用户表达的权利，就像快手在短片《看见》中所表达的那样：在短视频平台上表达自我的每个人，都在追求自己的幸福。

5. 用户从被动到主动。越来越多的新媒体产品尤其是短视频，使得媒介受众从过去的一个被动的、置身事外的旁观者身份，转变成了一个主动的、置身其中的参与者身份。其重要意义在于，在短视频平台上发生的任何事件都有可能被用户支持或反对、评论或转发，正是因为有这种主动的参与，用户和用户之间潜在的连接才可能转变为某种互动的现实，这种互动是建立在一段文字、一张图片、一篇文章、一段短视频或者一个突发的事件基础之上的。例如，"头条寻人"公益项目从 2016 年 2 月启动到 2019 年 7 月，短短的 3 年 5 个月中，就发布了 7 万多条寻人启事，找回了 1 万多人，时间最短的只花了 1 分钟，日均找到 10~12 人。在如此可观的数据背后，除了有"头条寻人"团队的努力，更重要的是"头条寻人"有效地将整个平台上超过 1 亿的日活跃用户主动参与、主动奉献的精神激发了出来。维基百科、百度文库、悟空问答、知乎、大众点评、闲鱼、快手、抖音及视频号等一系列新媒体平台的成功，都证明了用户主动参与的价值。

6. 机会从集中到分散。博客成就了"芙蓉姐姐"们，微博成就了"凤姐"们，微信成就了"十点读书"们，YouTube 成就了"李子柒"们，直播成就了"李佳琦"们。在新媒体发展的过程中，还有许许多多像他们一样的普通人，抓住了时代潮流赋予的机会，实现了自身价值的提升和商业的变现。而在过去的大众媒体时代，谁能成为社会关注的焦点人物是由报纸、电视等媒体来决定的。在一篇题为"实地探访山东新媒体村，农妇做自媒体收入破万"的文章中曾经介绍过这样一个现实：2018 年 7 月，山东某农村的一个自媒体团队人均月收入 7594 元，比 2017 年的上海人均月收入还高出 462 元。团队带头人称，光靠自媒体他每个月的收入就可以达到 100 万元。尽管在这篇文章爆出之后，这个自媒体团队遇到了来自各方的舆论压力，但它昭示了一个不争的事实：创造和获取价值和利益的机会从过去集中在少数人手中，逐渐地分散给了越来越多的普通用户。而微信在视频号上的发力，则意味着它将会给 12 亿微信用户赋能，让他们有更多的机会通过视频号表达自我，并获得更多的价值与利益。

因此，当你从短视频的视角重新思考自己的生活、娱乐、学习、社交乃至生产、消费、营销的时候，你的认知模式和思维逻辑也就会随之发生根本性的变化。

尤其是在 5G 时代，视频即入口，场景即连接。怎样把握住短视频的红利，是值得我们每一个普通用户认真思考的严肃话题。

1.2 微信发力视频号 ◖◗

微信发力视频号，是微信继开通移动支付和小程序之后的又一次重大举措。

第一，这是一场内容生态的升维与跨维革命。

升维，是说用户终于可以在 5G 时代的起点上，更便捷地在微信平台上获取短视频内容了。微信创始人、腾讯公司高级副总裁张小龙在 2020 年的开年演讲中，就已经暗示了微信将在短内容方面发力，之后很快视频号就开始了它的灰度内测。

跨维，则是说微信的视频号、公众号、小程序乃至其生态系统中的更多功能，是可以打通的，可以相互切换的。

第二，这是一场内容产品的付费与提质革命。

付费，是说内容创作者终于可以向消费者收取一定的订阅费用了，这是一个"千呼万唤始出来"的功能。

提质，则是说用户很聪明，他们会为自己喜欢的优质内容买单，这将带来内容生产端的新一轮洗牌。

第三，这是一场对内容用户的赋能与再造革命。

赋能，是说那些不擅长写文字的用户，将有机会在微信的这个新生态中崛起，成为超级个体。

再造，则是说在社交属性非常强的微信生态中，每一个视频号的创作者都必须变得更加真实、更加立体、更加有价值，才会获得朋友的认可和生态的支持。

下面将逐条展开来进行探讨。

内容生态的升维与跨维

先来看升维。

公众号图文流量的大幅度下跌是一个不争的事实，尽管依然不乏"10万+"的文章出现，但用户的阅读热情已经不再高涨，毕竟短视频融合了文字、影像、声音、音乐、表情、动作、色彩等维度的内容，就是比单纯的图文阅读来得轻松，也更具可读性。

微信并不是没有意识到这一点，所以早在四五年前就推出了 6 秒朋友圈小视频功能，后来又将其扩展到 10 秒，如图 1-2 所示。但无论时长怎样，朋友圈的小视频一直不温不火，其实质也依然像朋友圈的图文状态一样，是一种非商业化的功能。

图 1-2　微信的朋友圈小视频功能

但这次的视频号无论在时长还是在形态上，都是一个成熟的商业化功能，它承载着微信升级内容生态、收复流量失地及更进一步打通各个环节的重要使命。

再来看跨维。

从本质上来讲，用户对内容的需求是多维度的。我们经常讲突破次元壁，跟这里说的跨维是一个道理。短视频这种形态再有生命力，用户也依然有阅读图文这类深度内容的强烈愿望，所以视频号是支持图文和短视频之间的链接和切换的。这一点是其他任何短视频平台都不具备的优势。

这其实是对微信新生态中的内容创作者提出了更高的要求，那些既懂图文，又能玩转短视频，同时还能够很好地在二者之间进行切换的创作者，将会有更多机会。

当然，"破壁"和"跨维"还远不止于此，在理论和技术上，视频号是可以和微信生态中的其他所有功能相互打通的。目前来看，它与小程序的链接完全能够形成从注意力获取到线上线下消费的完整闭环。

那么未来呢？要知道仅仅微信支付板块就有理财通、生活缴费、城市服务、腾讯公益、医疗健康等多种腾讯服务功能，除此之外，还有火车票机票、滴滴出行、京东购物、美团外卖、拼多多、蘑菇街女装、唯品会特卖等第三方服务。

视频号与其生态中各种功能之间的这个"维"怎么跨？这个"壁"怎么破？未来的想象空间是足够大的。

我在《首席视频官》这本书中曾经提到，视频（尤其是短视频）将会是5G时代移动互联网流量的超级入口，用户进去之后怎么玩，我相信大家都在思考，也都很期待。但跨维的创新永无止境，只有不断迭代和更新。

内容产品的付费与提质

付费和提质是一件事情的两个方面，要收费，就必须得有过硬的产品；要提质，就必须得有实实在在的经济利益的刺激。

这必须从微信公众号付费谈起。过去，公众号的本质依然是流量思维，因为创作者是靠广告来变现的。流量思维决定了你必须不断地刺激用户，让他点击阅读，所以很多创作者都非常浮躁地要制造冲突和噱头，所以微信才开始打击刷量行为和不断关停各种大号。

另一方面，用户也阅读疲劳了，从"不怕辣"到"怕不辣"，现在又有点不想吃辣了。为啥呢？因为我们终究还是要回归到现实世界的生活、工作和学习中来，至于那些心灵鸡汤、情感语录、时政讽刺、娱乐八卦等，用户自己也意识到了，看这些东西不能帮助自己升职、加薪、教孩子。

在这样的语境下，微信公众号陆续向创作者开放了付费功能，如图 1-3 所示。公众号阅读要收费意味着什么？意味着想要收费的创作者必须把主要精力放在吸引那些真正有需求的用户身上了。而这个时候的视频号内容，则是对有深度的、高价值的公众号内容的一种导读、导引和导流。

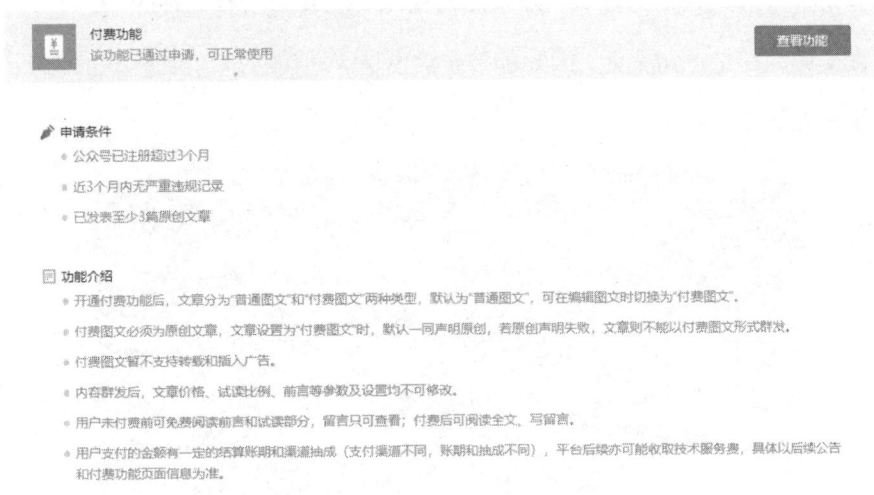

图 1-3　微信公众号的付费功能

所以很多人都说，付费阅读是当前视频号的一个重要变现模式。

当然，这种导流也可以是向任何需要用户付费的产品和服务导流。在这个生态中，视频号目前扮演的是入口角色。

那么未来，视频号是否会变成付费订阅呢？我只是个人私下里揣测，应该是会的。但是我们也许会等上三五年，就像公众号的付费功能那样，"千呼万唤始出来"。

内容用户的赋能与再造

先说赋能。

每个微信用户背后是什么？是他的整个社交网络，如图 1-4 所示。这个社交网络的价值在于什么？在于微信比其他所有短视频平台都更具有利用社交算法进行信息分发的优势。除了微信和 QQ，其他所有短视频平台上的所谓社交属性都是一句笑话，因为那种连接不是建立在利益基础之上的，"友谊的小船说翻就翻"。

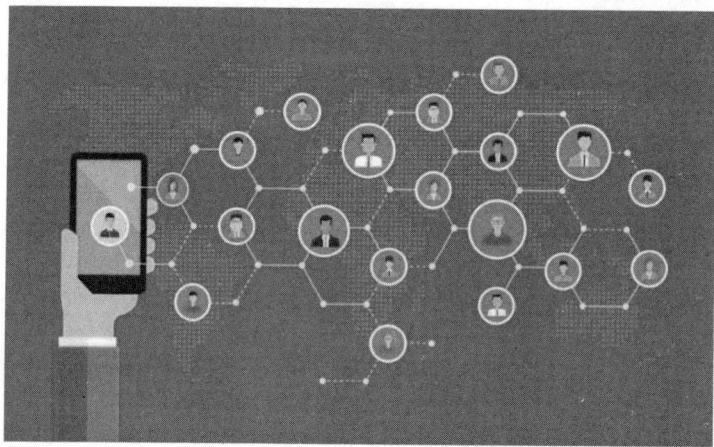

图 1-4　微信社交网络示意图

只有在微信中，地缘关系、业缘关系、亲缘关系、学缘关系，以及那些说不清道不明的弱连接关系，都以各种各样的方式建构起来，形成了一种比现实世界中的关系网还要丰富的微信个人关系网。

这个时候微信的视频号要做的，恐怕不仅仅是向用户提供一个娱乐工具，而是通过短视频这种方式让每个个体都成为更好的自己。

微信公众号的核心理念是"再小的个体，也有自己的品牌"，如图 1-5 所示。视频号是微信公众号的延续，它要做的是帮助每一个拥有广泛网络连接的用户成为超级用户。

再小的个体，也有自己的品牌

图 1-5　微信公众号的核心理念

再说再造。

怎样成为超级用户？贴有社交标签的信息分发、信任背书、内容推荐、商品评价、利益合作等，让一切皆有可能。

视频号是什么？它是让整个社交网络中的所有用户能够更好地认识你这个超级个体的一张名片，而且是嵌入在你的社交网络中的真实名片。很多人为什么跑到其他平台上去发短视频，而在自己的微信朋友圈里连张照片都不舍得发呢？因为其他平台的社交属性非常弱，他们可以想怎么放飞就怎么放飞。

但我觉得那些飞走了的流量，还是要飞回来的。为什么这样说呢？因为视频号对个体的赋能再加上社交信任的支持，将会让用户尝到展现"真实自我"的甜头。通过更全面、更真实、更立体地用视频号展示自己，朋友、朋友的朋友，以及六度空间之外的人，都成了用户的铁杆粉丝，与用户有了更加多元化的、真实的利益连接。

凯文·凯利说过，当你有了 1000 个铁杆粉丝之后，你的生存方式和发展方式就与他们建立起了千丝万缕的联系，如图 1-6 所示。这种联系是建立在真实社交关系基础之上的信任连接和情感连接，而事实上，1 个信任流量的价值抵得上 1000 个普通流量。

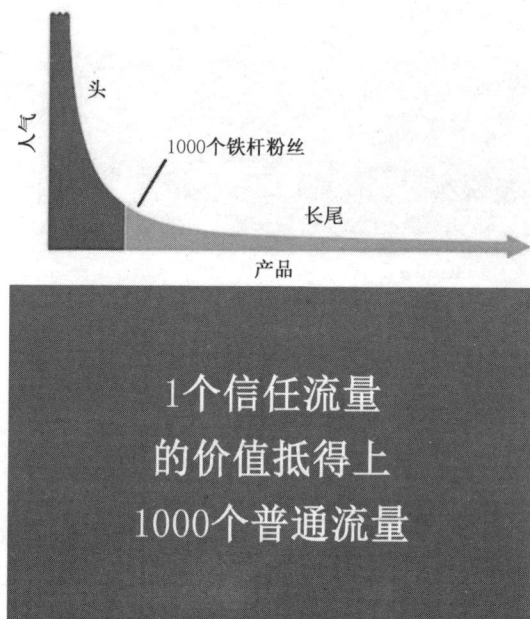

图 1-6　凯文·凯利的 1000 个铁杆粉丝理论

这时候的你，就是一个超级个体，也就是 2019 年的那个热词——KOC，关键意见消费者，但我更愿意称之为"关键意见产消者"。"产消者"的全称为生产消费者（Prosumer），这是比尔·奎恩博士在他的畅销书《生产消费者力量》（见图 1-7）中提出的一个全新概念，这个词是由生产者和消费者两个词合并而来的。生产者赚钱，消费者花钱，生产消费者是在花钱的同时赚钱。

图 1-7　畅销书《生产消费者力量》

　　放在今天移动互联网的语境下，这种产消，其对象可不仅仅是短视频或者图文，更重要的还有各种各样的知识、商品、服务乃至整个社会的公共福祉。比如，"品牌+KOC"面向的就是超级用户的社交网络及其铁杆粉丝群体，而视频号则有可能更大限度地激活每个超级个体的带货能力。从这个意义上来讲，我们现在所看到的视频号，恐怕只是其未来真实面貌的冰山一角。

1.3 视频号密码：核心逻辑与基本定位

视频号的核心逻辑是什么？在本质上它依然是微信最核心的逻辑，那就是信息产品的社交分发，或称社交推荐。

视频号的基本定位是什么？我认为它是一个全新的微信生态，是移动互联网世界的一个流量入口。

视频号的主要价值有哪些？对于微信来说，它是其生态价值闭环的一次完善；对于内容创作者而言，它是内容形态和变现方式的一次丰富；对于营销来说，它是一种体验更好的内容营销手段；对于普通用户而言，它是娱乐、生活、学习、工作、社交等功能的进一步融合。

视频号的核心逻辑是什么

朋友圈是什么？社交分发。只有你微信通讯录中的好友才能看到你的朋友圈状态，如果他不是你的好友，只能在搜索到你时查看 10 条朋友圈，要想看更多内容，必须先加好友。

微博则不是这个逻辑，头条和抖音也不是这个逻辑。

比如，2018 年颇受争议的新世相朋友圈营销案例，尽管毁誉参半，但它确实是将社交分发这种逻辑用到了极致。2018 年 3 月 19 日上午，打开朋友圈，满屏的朋友都在卖新世相的课程，当时的朋友圈海报如图 1-8 所示。当然，由于微信采取了一定的限制措施，这场社交分发的经典大戏很快收场。但它却让我们看到了社交营销的巨大威力。

图 1-8　新世相营销课的朋友圈海报

新世相营销课的海报显示，其课程内容为"十大爆款全复盘"，由新世相创始人张伟"首次亲自授课"。海报右下方附有二维码，用户识别后可进入微信小程序"新世相读书会"，内文中有详细的课程介绍等。

用户购买成功后，会获得一张自己的专享海报，将其分享到朋友圈，邀请好友通过该海报上的二维码购买后，该用户可获得售价40%的现金奖励，多邀多得，上不封顶；若其邀请的好友同时还邀请了另一位朋友购买营销课程，原用户还能获得10%的现金奖励，其直接邀请的好友则能获得40%的现金奖励。其间接邀请的好友再邀请好友购买，原用户不再获得任何奖励。

不仅如此，获得推荐现金奖励多的用户，按照影响力实时排名，榜单第一名奖励价值50万元的新世相定制广告推送，第二名到第十名则最高奖励一万元奖金。

课程售价还采取浮动制，在3月19日上午刚推出时，原价199.90元的课程售价为9.90元。海报显示，购买人数每增加1万人，售价随之上调5元，一直涨至恢复原价为止。用户购买成功后，即可永久性重复收听课程所有内容。在经过一轮轮的刷屏后，该课程的价位已由最初的9.90元涨至54.90元。

公众号是什么？也是社交分发。但它比朋友圈向外拓展了一步，除了订阅用户可以接收到公众号的群发信息，其他非订阅用户既可以在朋友圈进行阅读也可以将其转发到自己的朋友圈，让更多人看到。但其本质依然是沿着社交链进行的信息分发。

"看一看"是什么？依然是社交分发。点开"看一看"，其界面如图1-9所示，可以看到有哪些朋友为哪篇公众号文章点了赞，大家最近都在看什么，朋友们有什么看法。由于点赞的用户并不一定会将该文章转发到朋友圈，因此微信公众号的"点赞"按钮改成了"好看"按钮，后来又改成了"在看"按钮，这样从"看一看"页面进入的用户就能够知道哪些好文章被朋友们以"在看"的方式推荐了。

图 1-9 微信的"看一看"界面

朋友圈广告是什么？个性化推荐+社交分发。从朋友圈广告来看，微信并不是不擅长做个性化推荐算法，它在做了个性化算法之后，依然还要用自己最擅长的社交分发逻辑为这些商业化产品加持。以卡地亚的朋友圈广告为例，如图 1-10 所示，如果你的好友中很多人都点赞或留言了这条信息流广告，那么在很大程度上它也会在你的朋友圈信息流中投放这条广告。更重要的是，你还可以看见朋友们的点赞和评论，并且可以基于这条广告展开一场微互动，你的点赞和评论他们也能看得见，也能回复。

图 1-10　卡地亚的朋友圈广告

那么视频号是什么？我理解的是社交分发+个性化推荐。微信一直在以各种各样的方式完善它的社交分发功能，当我们分析完前面几种微信产品之后，你再仔细看微信的视频号，是不是有这种感觉：咦，视频号不就是前面几种功能的集合吗？短视频形态（信息流广告）+看一看（点赞后好友可以看到这条信息）+公众号（视频下方可插入公众号文章链接）+朋友圈（视频号内容可转发朋友圈）。从 2020 年 6 月改版后的视频号来看，它虽然有进行大规模个性化推荐的意图，但这种意图并不强烈。

从视频号现有的功能介绍来看，转发朋友圈、点赞后好友可见、链接公众号等，基本上都是围绕着微信最基本的社交属性来展开的，其最有吸引力的一点"好友的好友也能看见你的视频"事实上一点都不新鲜，因为公众号内容的裂变式传播也正是如此。

所以，视频号的核心逻辑并没有跳出微信的社交属性，但真正让人充满想象空间的是，微信的商业化短视频产品终于成型了。

视频号的基本定位是什么

运营视频号的这段时间，我一直在观察视频号本身、视频号推荐的内容及做视频号的人，我认为，视频号并不是一个独立的功能或微信新推出的一款短视频平台。

它的基本定位依然是基于微信生态的，它是连接微信生态中的各个功能的一个重要枢纽，甚至它有可能就是 5G 时代微信内容生态的新入口。更进一步大胆地猜想，它有没有可能将朋友圈取而代之呢？

为什么这么想呢？我们来看一下，在微信推出近 10 年之后，越来越多用户的通讯录好友数已接近甚至超过了 5000 人的上限，尽管微信后来放开了5000 人的上限，但是上限之外的新加好友无法看到用户的朋友圈信息，仅限于相互聊天。

根据英国牛津大学人类学家罗宾·邓巴（Robin Dunbar）的研究，150 为我们可以与之保持社交关系的人数的最大值，邓巴数法则如图 1-11 所示。邓巴教授认为，人类大脑的逻辑和记忆力结构，注定了大脑可以容纳 150 人的稳定社交关系，这些社交关系主要是我们的亲朋好友和同事同行，如图 1-12

所示。按照邓巴数法则，一个社会群组合适的规模大约为 150 人，超过这个数字该群组就无法有效地沟通和协作。也就是说，微信认为其实我们也不需要那么多好友。

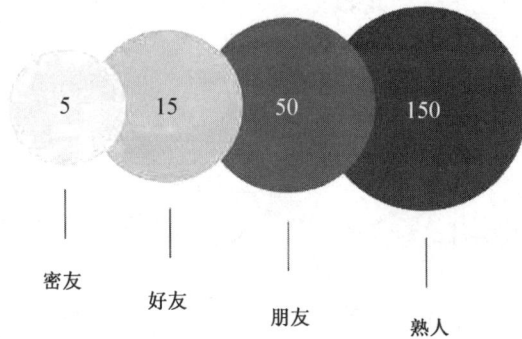

图 1-11　邓巴数法则

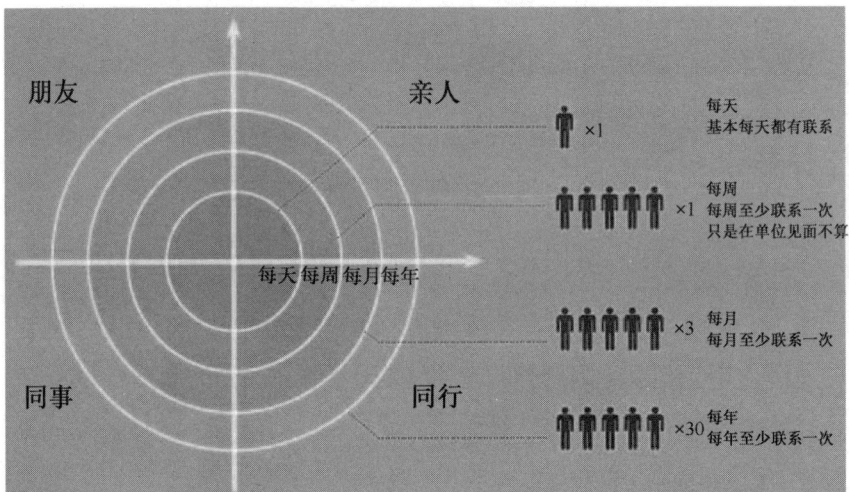

图 1-12　稳定的社交关系

另一方面，当好友数趋近饱和之后，朋友圈对我们的吸引力正在降低，它已经不再是一个熟人社会，而是一个充满了大量弱关系、微商、无趣的公众号文章，以及各种与自己毫无关系的其他信息的地方。如果进一步提高好友上限，恐怕整个微信都会被大量垃圾信息所充斥，到那个时候，如果有一款更干净纯洁的应用出现，微信的吸引力能不能维持就成了一个大问题。看看今天的短信功能就清楚了，你的短信记录当中有几条有价值的信息？但 10 年之前短信可是我们最重要的沟通方式之一。

在这个时候，视频号出现了。

首先，它是一个视频版的朋友圈。你的好友在视频号上发布的"图片+文字"信息和"视频+文字"信息都可能会被推荐给你。不同于朋友圈的地方是，它更多地会根据你及你的朋友对某些内容或某些视频号的兴趣而调整社交推荐算法，不再像朋友圈那样按照发布时间堆砌在那里，你看或不看，它就在那里。

其次，它是一个视频版的通讯录。我们的好友数是有上限的，你可以不断地删除那些并无真正连接的好友而增加更有实际社交关系的好友，但那些隐隐约约还有点弱连接的好友怎么办？这时候你就可以到视频号里关注他了，目前来看，关注的视频号数还没有上限，但有一天或许也会有。这样做的好处是主动权在你手里，你需要跟他互动的时候，就去他的视频号下面点赞或留言，或者跟他索要微信号；你不需要跟他互动的时候，就默默地看他表演即可；甚至还可以选择不感兴趣、取关等。

再次，它还是一个公众号。在短视频快速发展的近几年，越来越多的用户不再每天多次打开公众号，他们甚至取关了很多公众号。于是怎样提高公众号的活跃程度显然就成了一个大问题。视频号的好处在于，用户可以先通过一分钟的短视频来了解某人某事，如果真的感兴趣想要深入了解，就可以点击下方的链接。如果用户没有深度阅读的需求，就可以继续观看下一条视频。

此外，非常重要的一点，它还是一个信息流广告，而且这种广告的用户体验更佳。从理论和技术上讲，视频号内容下方可以链接公众号、订阅号、小程序、第三方应用等，在地址选项中还可以链接地址，用户看完短视频后，若产生消费冲动就可以实现直接的转化。这个时候，那些被认证过的企业视频号就真正变成了一个个与其他被认证过的明星账号、专家学者账号及普通人账号拥有同样功能的账号了。它们可以随心所欲地发布自己想要发布的各种信息而无须向平台支付信息流广告费，而它们发布的信息下方完全可以链接自己的产品和服务。当然，这种小程序、服务或者地址的链接有可能在下一步被开发为更商业化的付费产品。所以从这个角度来看，视频号还将会是非常典型的一款内容营销产品，它可以链接任何商品和服务。

这样总结下来，我们就会发现，视频号的基本定位就是三个：打通、导流和闭环。

打通，就是要打通微信生态中的所有功能，甚至还包括腾讯生态中的大量功能，如腾讯视频、腾讯新闻、腾讯公益等。

导流，就是在打通之后向这些功能进行导流，比如向用户推荐朋友的朋友，这对用户的社交关系网络就是一种导流；比如链接公众号，就是向公众号作者进行导流；比如链接京东商品，就是向京东导流。坦白来讲，短视频平台要想把价值全都沉淀在自己内部，是有很大困难的，但对于微信来说，将其沉淀在自己生态的内部，是完全可行的。

这就形成了闭环。注意力、流量乃至购买力，随便它怎么流动，只要是在自己的"五指山"之内流，最后找到一个落脚点停下来，打尖、住宿、买东西，就形成闭环了。

视频号的主要价值有哪些

当上面的问题讲清楚之后，我们再来看微信视频号的主要价值是什么。

第一，对于微信来说，它就是微信生态价值闭环的一次完善。前面已有讲解，此处不再赘述。

第二，对于内容创作者而言，它是内容形态和变现方式的一次丰富。

这一点要着重强调一下。事实上很多人都非常清楚，不管是公众号还是知乎、豆瓣等网站，其内容创作者非常重要的一个优势就是文字功底深厚，于是涌现出了大量自媒体大号或"大神"。大众化的内容吸引了数以百万计的粉丝，垂直账号也有数万到数十万的粉丝。但"内容免费+广告流量分成"的模式也存在非常多的问题，尤其是它误导着创作者为了广告收益去创作那些刻意吸引眼球的内容，而在很大程度上忽视了内容产品的真正价值。与此同时，公众号插入广告的方式无论对于阅读体验还是广告营销，其效果都并不理想。

更重要的是，用户的阅读热情已经下降，大量创作者的变现效果越来越差。这时候推出公众号付费和视频号导流，则是进一步吸引流量、提升活跃度的重要手段。

但最重要的是，这是微信内容生态发生变化的信号。无论承认不承认，能够写图文的人和愿意读图文的人终归是越来越少了，视频拍摄和制作的低门槛和平民化则给了更多用户表达、创作和吸引粉丝的机会，微信如果不给更多的普通人机会，那么抖音和快手就会为他们赋能，事实也证明的确如此。

所以视频号正式开放之后，一定会有越来越多的流量流向它。微信内容生态的创作者结构也将变得更加多元化，内容既有图文又有短视频，还有长视频。公众号和视频号、小程序及其他功能的打通，则意味着还有更多行之有效的变现策略将会被发掘出来。本书后面将会详细讲解如何不断丰富你的变现方式。

第三，对于营销来说，它是一种体验更好的内容营销手段。这里接着上面的内容延伸一下，当企业在视频号中被以普通用户的身份对待时，它所发布的内容就是内容，而不再需要像朋友圈信息流广告那样在右上角打上"广告"的标签了，朋友圈广告与企业视频号内容的呈现方式对比如图 1-13 所示。从这一点来看，一方面这是对互联网广告监管政策的回避，另一方面则进一步把信息判断和选择的权利交到了用户手上。视频号要做的是帮助用户认证，这是一家发布视频号内容的企业，企业的名称是什么等。事实上，这种方式给疫情之下乃至疫情之后的大量中小企业提供了更多低成本曝光和转化的机会，那些有创意的创业公司，将会在视频号的平台上吸引到它的目标消费者。当然，大企业和大品牌也一样会有无数的机会。

第四，对于普通用户而言，它是娱乐、生活、学习、工作、社交等功能的进一步融合。就像上文提到的，大胆设想一下，如果视频号取代朋友圈成为微信的超级流量入口之后，在视频号中尽管依然会有大量的娱乐内容，但其比例可能会降低，因为以微信的强社交属性来看，它要做的一定不是一个像其他短视频平台那样的娱乐阵地。所以，视频号就变成了用户的娱乐入口、学习入口、消费入口，从这里你可以去阅读深度文章、观看长视频、购买你需要的商品、交电费水费、在线旅游等。这样，用户不仅仅是在这里消磨时间，更重要的是在这里成长为更优秀的自己。当然，他还可以大胆地利用视频方式展现自己的生活、工作和学习，使其成为自己的一张视频名片，结交到更多跟他有相同兴趣、性格、理想或行动的朋友，从而进一步地增强微信的社交属性。

图 1-13　朋友圈广告（左）与企业视频号内容（右）的呈现方式对比

1.4 革命总是来得静悄悄

革命总是来得静悄悄。微信在这场内容生态的革命中，表现出了一如既往的克制，没有轰轰烈烈地上线，只有平静如常地邀请灰度内测。

但不得不承认的是，如果评选过去 10 年对我们的生活改变最深刻的一款应用，那么一定是微信。

因为说到底，微信在本质上不是抖音，也不是快手，更不是 YouTube，它也不是即时通信应用或者短视频平台，这些都只是微信生态中的一类功能。

微信就是微信，微信就是我们的生活，借助它，我们在虚拟与现实两个世界切换自如。

所以从这个角度来看视频号，我们不能单纯地将其与抖音和快手进行对比。

有人以为视频号要与其他短视频平台争夺流量，但恐怕不是。它极有可能像小程序那样，变革的是整个商业世界的研发、生产、营销、消费和服务。果真如此的话，视频号要实现的就是，继小程序之后，更进一步地打通微信的各个功能，打通线上线下的生活。

从此之后，通过视频号这个入口，我们进入的将会是一个娱乐、消费、居家、工作、情感、社交、旅行、教育、运动等无所不包的世界，它或许不是美好生活，但它一定是真实生活。

第 2 章

看懂视频号的本质

无论是腾讯的整个生态还是微信事业群，过去几年都先后尝试了很多短视频产品。然而，基本都没有达到预期目标。

但腾讯又绝不能在这个赛道上缺席。它可以迟到，但不能不到，而且真正到位之后就必须开创一个超级流量入口。就好像当年的腾讯视频后来居上那样，腾讯的短视频产品也必须如此。

在短视频产品发展的第一阶段，快手、抖音、bilibili 乃至微博都已经出牌之后，微信的视频号才姗姗来迟。

单看视频号这个名字，我们就可以期待，微信是想像当年推出公众号那样，借助微信生态的巨大流量，再一次进军短视频领域，完成对产业格局的重新洗牌。

2.1 看懂视频号的社交推荐 ◐

内容推荐的三种方式

关于内容的推荐机制，闫泽华老师曾经在其《内容算法》一书中抛出过这样的个人结论：

编辑（中心人工主导）分发、算法（机器主导）分发、社交（离散人工主导）分发各有千秋。内容分发服务追求的是分发所能触及的这一远景，为了达成这一远景，就需要探寻每一种分发更适合的应用场景，而不是要在"剑宗"和"气宗"之间争个高下。

闫老师的这个观点我完全赞同。对于不同的短视频产品，因为它们的用户使用场景存在较大的差异，其内容推荐策略及推荐算法也会大相径庭。编辑分发、算法分发和社交分发三种内容推荐方式的优势和劣势如表2-1所示。

表2-1　不同内容推荐方式的优势和劣势

内容推荐方式	定义	优势	劣势
编辑分发	由专业的内容生产人员和内容编辑人员来决定用户可以看到什么样的内容,比如传统媒体	借助专业的背景知识完成从海量内容到有限展示位置的过滤和筛选。经过筛选的内容,其平均质量相对较高,出现违规内容和虚假内容的概率相对较小	基于编辑或专家判断的分发难免会出现偏差,精英主义和家长主义的内容筛选视角会导致内容的过滤不是以用户需求为导向
算法分发	把分发的权利让渡给机器,由算法来分析你的兴趣和偏好,然后给你推送内容,比如头条	算法分发的核心逻辑如图2-1所示,算法分发引入了机器推荐算法,由于达到了"千人千面"的效果,展示位数量得到了大量的扩展,内容推荐的个性化更强。用户更容易获得精准的、感兴趣的内容;内容匹配的效率进一步提升,比社交分发更具实时性	容易导致"信息茧房"效应,内容把控成本更高,算法的局限性在于不能很好地判断内容质量如何,并且推荐的内容量更大,需要人工审核的成本就更高。既要避免人工直接干预算法,又要保证编辑始终在扮演着"纠偏"的角色
社交分发	基于社交关系链机制进行内容分发,你关注的对象决定你能看到什么内容,比如微信的"看一看"	社交分发的核心逻辑如图2-2所示,社交分发的好处是通过朋友认识到世界的多样性,而不是永远陷在自己单一的喜好中;用户的关系链基于内容建立,同时也反作用于内容;基于感兴趣的内容,用户之间更容易产生互动,从而加强了关系链;单条内容的影响力更容易被社交关系放大	社交分发的缺点是不可避免地会打上社交的烙印,你可能会推荐一些强化你的人设的内容;社交压力大,尤其对于熟人社交产品更是如此;受从众心理影响,容易以讹传讹,谣言扩散也更容易

通过对三种内容推荐方式进行比较,我们会非常清楚地看到,任何一种推荐方式都不是完美的,它们有着各自的利弊。所以,在《内容算法》这本书中,作者认为一个内容产品在系统中的得分可以表示为下列公式:

内容得分=a × 编辑因素+b × 社交因素+c × 模型因素

在这个公式中,各种权重的调节完全是由平台的价值导向决定的。

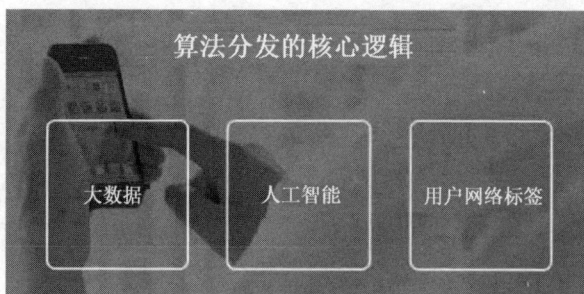

图 2-1　算法分发的核心逻辑

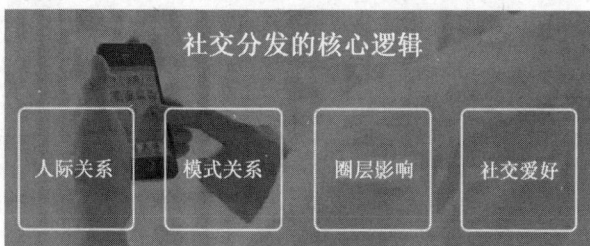

图 2-2　社交分发的核心逻辑

　　这个时候我们拿着这个公式再来对照微信视频号的内容推荐机制，是不是就一目了然了？

　　很明显，张小龙认为，在微信的内容消费场景之下，社交关系对于用户的影响有着绝对的主导地位，事实也证明，无论是朋友圈、看一看，还是公众号、视频号，都遵循着以社交分发为主导的逻辑，尤其是在 2020 年 6 月新改版的视频号界面中，基于社交关系的推荐更是放到了用户浏览界面的"C 位"，如图 2-3 所示。

　　那么，什么样的视频号内容更容易被推荐，从而有机会成为爆款呢？说得直白一点，就是：

第一，你的微信朋友圈里的好友喜欢什么样的内容？

第二，机器更喜欢推荐什么样的内容？

第三，张小龙和微信团队希望你生产什么样的内容？

按照这三点去创作内容，方向就不会跑偏。

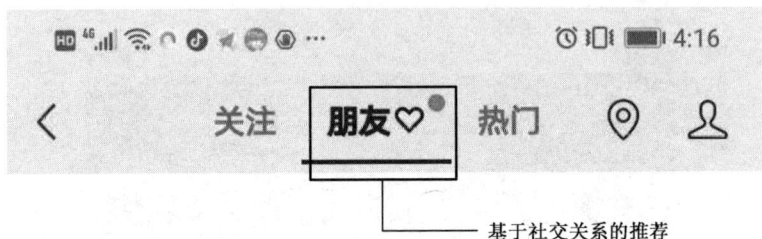

图 2-3　视频号界面

社交主导的视频号推荐机制

视频号的推荐机制的本质究竟是什么？很多人都给出过各种各样的解释，这里我们紧紧围绕视频号在"常见问题"中的解释来分析，如图 2-4 所示。

问题一：如何让微信朋友找到你的视频号？关键词是"微信朋友"，也就是社交关系。

问题二：哪些人有机会看到你的视频号？从答案中可以提炼出的关键词是"你朋友的朋友"，以及沿着六度空间扩散下去的"任何看到的人"，依然是社交关系。

问题三：发表的视频如何进入热门推荐？视频号内容发布时可插入"话题"和"所在位置"，如图 2-5 所示，这是基于兴趣和位置的弱连接社交关系。

常见问题

1. 如何让微信朋友找到你的视频号？

微信朋友无法在你的微信中看到你的视频号，你可以主动分享视频或名片给他们。

2. 哪些人有机会看到你的视频号？

如果你拍的视频或照片很棒，有人（包括你自己）点赞，系统就会推荐给他们的微信朋友，任何看到的人都可以关注你的视频号。

3. 发表的视频如何进入热门推荐？

建议在发表的时候打上#话题#、配上音乐、设置地理位置信息，让你的视频更具有吸引力。当视频有很多人点赞时，该视频可能进入热门推荐。

图 2-4　视频号在"常见问题"中的解释

当然，当我们结合前面讲到的这个公式（内容得分=a×编辑因素+b×社交因素+c×模型因素）再来看视频号的时候，也会发现，社交推荐不是视频号的全部推荐方式，它依然带有明显的编辑因素和算法因素。

1. **视频号的编辑推荐**：比如我们如果经常浏览视频号，就会发现，类似杨幂、肖战这样的明星的视频号内容，或者人民网这样的主流媒体的视频号内容，被系统推荐的概率要远远大于普通人的内容被推荐的概率，这在很大程度上可能是通过人工干预赋予了它们更高的权重。此外，视频号的个人认证和机构认证，都带有编辑推荐的意味。

图 2-5 视频号内容发布时可插入"话题"和"所在位置"

2. **视频号的算法推荐**：从内测阶段来看，除了社交因素和编辑因素，个性化推荐算法在一则内容能否成为爆款方面也有着较大的影响力。很多视频号创作者都发现，内容相似、类型相同的两则内容，其数据表现却有可能存在天壤之别。这也说明，视频号可能正在对它的社交推荐和个性化算法进行各种各样的测试。

正如秋叶大叔所说的那样：

"在用户没全部都进来之前，视频号的算法会一直改改改。现在谁也不敢:
我知道视频号算法是什么。我猜测甚至连微信团队自己都不知道算法是什么。
视频号还在进化，它本身的算法迭代也要参考微信公众号、头条及抖音、快
手的算法，从而找到一个更有效、更适合视频号生态的算法机制。"

社交主导的推荐带来的机会

无论视频号怎样测试和调整它的内容得分公式，有一点已经是确定的了，
那就是社交主导的推荐机制。

1. 点赞、评论、好友发布、同城、关注的视频号，这几项会优先出现在
用户刷视频的界面。这就类似我们点击了公众号文章右下角的"在看"，我们
的微信好友就能够在"看一看"功能中看到这篇文章。

2. 如果用户在观看过程中对视频的内容表示满意，比如有完整播放、多
次观看、点赞、评论、转发好友或转发朋友圈等社交动作，推荐机制也会提升
视频号内容被推荐的概率。

3. 用户在微信生态中留存下来的各种数据，比如性别、年龄、兴趣、地
理位置、好友关系、消费习惯等，也都会成为视频号向你推荐个性化内容的
重要参考。

所以，视频号内容的创作者想要提升自身内容的推荐量，就一定要综合
考虑这种社交主导的推荐机制。

总的来看，相比起头条、抖音、快手等算法主导的推荐机制，视频号之所

以让无数内容创作者兴奋不已，非常重要的一个原因就是其社交主导的推荐机制将会带来新的机遇和红利，具体来说包括以下几方面。

1. **从封闭到开放**：朋友圈是一个封闭性非常强、隐私程度非常高的体系，谁可以看到朋友圈的发布内容（包括转发的公众号文章），是由用户决定的。但谁能看到视频号发布的内容，控制权则不在用户手上，它是围绕微信的社交关系链展开的，你朋友、你朋友的朋友、你朋友的朋友的朋友，直到远在天边的陌生人，都可以看到。这种"发现陌生人"的形式，在此前的微信体系内较为少见，哪怕是公众号这种高度依赖社交裂变的产品，转发的权利也是握在用户自己手中的。

2. **从私域到公域**：大家为之兴奋的另外一个原因就是，伴随着从封闭到开放的步伐，越来越多的内容终于有机会"出圈"了。之前无论是微信号、微信群，还是公众号、小程序，基本上都是私域或者半私域流量。也就是说，整个微信生态尽管有 12 亿用户，但是我们自己最多只有 5000 个好友，同时拥有几个微信号的人，其好友数量也不会无限制地增长下去，比如我的一位朋友目前拥有 4 万好友，我自己则是 2 万多，再多的我猜测应该也不会超过 10 万，这就是我们自己的私域流量，也可以称为"自留地"。也就是说，微信的基本面虽然很大，但我们触达不到。视频号的推出，使得我们有机会从私域流量走向更广阔的公域流量，使得每个个体都有机会在现有的微信社交关系的加持之下，走向更广阔的 12 亿用户流量池。

3. **从少数人到多数人**：这一点是张小龙在 2020 年的微信公开课中强调过的："相对公众号而言，我们缺少了一个人人可以创作的载体。因为不能要求每个人都能天天写文章……表达是每个人天然的需求。微信不小心把公众平台做成了以文章作为内容的载体，这使得微信在其他短内容方面有所缺失，我们很重视人人都可以创造的内容。"很显然，从目前视频号的基本功能来看，它是可以支撑张小龙这个"人人可以创作"的梦想的。比起算法主导的其他短视频平台，社交主导、算法赋能、编辑干预的视频号内容推荐机制可能会实现内容的更有效分发，对普通用户创造的长尾内容也会更友好，从而能够激发更多人的创作欲望。

2.2 视频号 VS 其他内容产品

公众号与视频号：倚天剑与屠龙刀

　　蘑菇租房的联合创始人龙东平作为早期被邀请内测的内容创作者，曾经靠一条视频号内容就增长了近万粉丝，他认为"视频号是对短视频内容供应链的升维打击"，如图 2-6 所示，他说："我相信视频号是成就你的那把倚天剑、屠龙刀。"

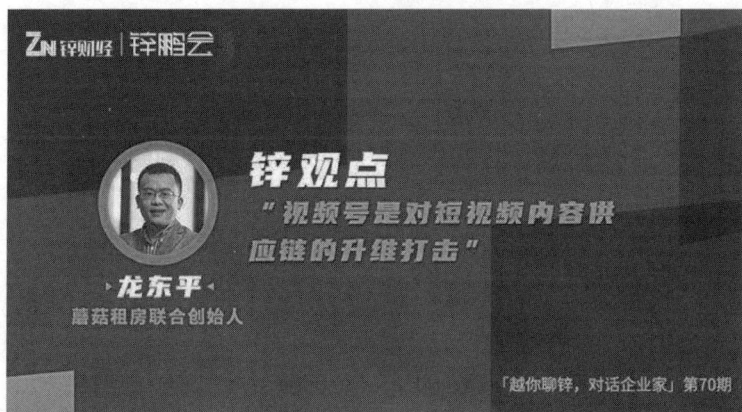

图 2-6　龙东平的观点

在赞同龙东平老师这个大判断的同时，我认为，单靠一个视频号还不够，只有视频号与公众号完美配合才会起到"武林至尊，宝刀屠龙；号令天下，莫敢不从！倚天不出，谁与争锋"的效果。

公众号与视频号的优劣势比较如表 2-2 所示。

表 2-2　公众号与视频号的优劣势比较

产品 特征	公众号		视频号	
	优势	劣势	优势	劣势
内容形态	图文阅读	流量走低	视频播放	深度不够
创作者群体	擅长写作	规模有限	人人参与	参差不齐
推荐方式	社交裂变	涨粉变难	社交+算法	尚未清晰
变现方式	付费+打赏+流量分成	大号容易，小号困难	导流	在视频号内变现有难度

通过简单的比较就会发现，在移动互联网时代的碎片化内容消费方面，公众号和视频号都不是万能的，它们都有着非常明显的优势和劣势。

公众号与视频号之间也不是竞争关系，而是非常完美的互补关系。

1. 公众号侧重于图文、深度文章和 30 分钟以内的中视频，越来越聚焦于有趣和有用；视频号侧重于 1 分钟以内的短视频内容。

2. 视频号能够在较短的时间内，用相对比较集中、凝练的内容打动用户，并成功向公众号长文导流，如图 2-7 所示；公众号则能够以图、文、漫画、视频等更加多元化的内容形态，为那些需要深度阅读的用户提供更好的内容消费体验。

3. 在现阶段，以短视频内容向用户收费的时机还不够成熟，但通过公众号实现知识付费的模式是可以形成闭环的，这给微信生态内的创作者提供了全新的变现机会。

图 2-7　视频号可以向公众号长文导流

4. 公众号成就了一批图文创作者，视频号会成就一批像抖音或快手等短视频平台上的那类短视频创作者吗？在一定程度上会，但这绝对不是全部！视频号最有可能成就一批既能写图文又能做长、中、短视频的一个新群体，也就是两栖类甚至三栖类的内容创作者。从这个意义上看，他们才是整个微信生态中最终的头部内容，目前谈定局尚早，无论是 KOL 还是普通用户，谁都还有机会。

事实上，微信一度想把微视嵌入朋友圈来升级自己的内容生态，但没有成功。而这次的视频号一方面是张小龙亲自上阵、马化腾亲自督战，另一方面则是把它放到了与朋友圈和公众号同样的战略地位来对待。

大家可以试想一下，5G 时代已经开启，公众号与视频号（倚天剑与屠龙刀）相互配合、搅动江湖的态势也正在形成。可以说，视频号的推出会成为微信正式迈入视频时代的关键一步，这也是腾讯在视频赛道上继腾讯视频之后的又一个重量级的大动作。

在这里，我们再来回顾一下公众号为什么会成功。

1. 公众号不需要冷启动，谁的朋友圈里没有成百上千甚至上万的好友呢？再加上朋友圈的这种熟人社交关系，从零到一，从阅读到订阅，从转发到转化，从点赞到聚粉，从喜欢到付费，都是比较流畅的。

2. 公众号借助微信社交关系链，能够从私域走向公域，当内容优质到足够让更多人转发的时候，通讯录好友之外的陌生人粉丝数量就噌噌往上涨了。

3. 公众号的订阅是可以直接在我们的微信菜单栏中看到的，从而与我们个人的生活、工作、学习和娱乐完全有机地融合在了一起。视频号有没有这种可能性？我觉得不排除。

因此我们来看视频号和公众号的时候，无论谁是倚天剑谁是屠龙刀，都不重要。重要的是，二者谁都可以离开谁，同时谁又都离不开谁。

"视频号+公众号"的乘数效应，使得它们之间可以无缝连接、即时跳转、深度互动、流量共享、粉丝互换、变现互通，这个想象空间就太大了。

视频号与公众号在微信生态中不是竞争关系，而是协同关系，它们使得微信的内容生态更立体、更多元、更具层次感。

视频号 VS 其他短视频平台

关于视频号的定义，微信官方有一个介绍短片，如图 2-8 所示，下面我们通过它的原话来进行分析。

图 2-8　视频号的官方介绍短片

1. **视频号的定位**："视频号是一个人人可以记录和创作的内容平台，也是一个你了解他人、了解世界的窗口。"记住,这里的基本定位是——内容平台。什么样的内容平台?很明显,是以短视频为主的内容平台,它不是社交平台、电商平台或者营销平台,尽管它可能会具备类似的功能。

2. **发布功能:**"发布最长 1 分钟的视频,或者最多 9 张图片,既可点赞、评论、收藏,也可以一键分享到微信消息和朋友圈。"这里要注意,视频号自始至终都没有提短视频的概念,它目前说的是最长 1 分钟的视频,不排除后面会扩展时长,毕竟它叫视频号,不叫短视频号。真正的 5G 时代到来之后,它可能不限制用户所发布内容的时长。

3. **推荐方式:**"你所创作的内容,不仅能被关注你的粉丝看到,更能够通过社交推荐、个性化推荐等方式,让你走出微信好友的小圈子,进入超过 12 亿用户的大舞台。"这一点上文已经分析过了,不再赘述。

4. **创作效率:**"内容创作和发布,全程在手机端完成,高效便捷,记录真实生活。"关于这一点,刘兴亮老师曾经比较过"真实生活"和"美好生活"二者的差异,他认为美好生活更多是演绎出来的,而不是真实的生活,如 2-9 所示。事实上,也正因如此,我们记录生活时不用那么烦琐地去添加各种滤镜或特效,创作和发布也会变得更高效。

5. **涨粉攻略:**"优质原创内容能快速吸引大量粉丝关注,你的创作光芒,将会被更多人看见。"这里强调了涨粉的两个关键词:优质、原创。什么是原创的,大家都能理解;什么是优质的,需要在创作过程中不断摸索。

6. **变现机会:**"从公众号、微信支付,到小程序、小游戏,当视频号与它们结合,会展现出怎样的想象力?"看得出来,视频号的巨大价值不在于视

频号本身，而在于它与微信生态中各个功能之间创造性的结合模式，而这也
恰恰是它的变现出口。

×　　　　　　　　刘兴亮时间＞　　　　　···

如果习惯了在抖音发视频的话，你会很不习惯在视频号发视频。抖音发视频有选配乐、特效、滤镜、变声、自动字幕等等很多很多丰富炫目的功能，这些辅助设施丰富到超出了我的想象的地步。可谓装修豪华，极尽奢靡。这甚至让我想起一句名言：历史是任人打扮的小姑娘。

而你去视频号发视频的时候，就会是略感茫然，那里看起来清清白白，像一块处女地。那一刻的感受，一个常年混迹抖音然后来视频号尝鲜的小姐姐跟我说是这个样子的：「我的脑袋就像眼前的编辑器一样，一片空白」。

是微信的技术团队没能力做出那些花里胡哨的视频编辑功能吗？应该不是，他们招人是不差钱的。

我在猜想，视频号提倡的，并非是记录那种抖音式的「美好」生活，而期冀于表现一种「真实」的生活。

图 2-9　刘兴亮关于"美好生活"和"真实生活"的论述

7. **用户属性**："微信视频号，欢迎每一个热爱表达的你。"无论是个人还是机构，都可以注册视频号，一个微信号只能注册一个视频号，现在还没有官方的消息确认是不是一张身份证只能注册一个视频号，但很显然，微信希望你是一个"热爱表达"的人，希望每一个人和每一个机构都在视频号的平台上表达自己。

接下来我们通过表 2-3 来比较一下视频号与抖音之间的差异。

表 2-3　视频号与抖音之间的差异

	视频号	抖音
平台	微信生态内的短内容平台	独立的移动互联网应用平台
形式	全屏式滑动视频	瀑布流式滑动视频，如图 2-10 所示
时长	3~60 秒或 9 张图片	15 秒、60 秒乃至更长，不支持图片
尺寸	非全屏，从 6:7 到 16:9	全屏
图文	9 张以内图片或 1000 字以内文字	暂不支持，标题需在 55 字符以内
直播	暂不支持，链接公众号后再为直播导流	支持平台内直接开启直播
话题	可发起或创建话题	可发起或创建话题
封面	改版后可自定义封面	可以自定义封面
生态	可转发朋友圈或微信对话	在微信生态内传播受限
闭环	向微信乃至腾讯生态导流变现	向外部平台导流+自建生态变现

图 2-10　抖音号的全屏（左）与视频号的非全屏（右）

既然视频号与其他短视频平台无论是在基本定位方面还是变现路径方面都存在较大差异，那么它会对抖音、快手等平台形成冲击吗？

答案当然是肯定的，但这种冲击未必就是短兵相接的直接交锋。

事实的确如此，视频号的推出是对微信内容生态的补充和完善，它的出现弥补了微信在短视频方面的缺憾。从这个角度来看，视频号的基本逻辑和底层代码必然是深深植根于整个微信的产品矩阵和内容生态之中的。

把视频号与微信支付、公众号、小程序等已经完全成熟的商业化产品放在一起来看的时候，就会发现虽然视频号还是个新功能、新产品，但是相比起其他短视频平台，它的流量变现和商业转化路径是清晰且流畅的。从这点来看，视频号似乎更胜一筹。

这时候我们再回过头来看视频号，作为一个短内容平台，它融合了短文、图片和短视频等更加丰富的创作形式，这就为不喜欢短视频拍摄与剪辑的用户提供了另一种选择，并且可以相对比较自然地将用户从朋友圈过渡到视频号。

抖音和快手两大短视频平台的日活用户数分别突破 4 亿和 3 亿，而微信的日活用户超过 12 亿，从这个角度来看，视频号显然没有必要直接与其他短视频平台争夺用户数量。因为就像微信支付或小程序那样，或早或晚，所有的微信用户基本都会频繁地使用视频号这一功能。

然而，作为微信内容生态在短内容尤其是短视频方面的补充者和完善者，视频号又必然是一个"撒手锏"级别的功能，尽管它只是微信产品矩阵中的一部分，但可以预期的是，它的全面开放必将在一定程度上抢占用户更多的时间和注意力，从而间接地降低了用户使用其他短视频应用乃至移动应用的时长。

第 3 章

视频号玩起来

2013 年 9 月 28 日，腾讯微视上线；2017 年 4 月 10 日，腾讯微视停止服务。2017 年抖音异军突起，腾讯此时选择了投资快手；但腾讯进军短视频领域的尝试并没有停止，2018 年 4 月 2 日，全新的腾讯微视 4.0 版本上线，腾讯狂砸了 30 亿元补贴给视频创作者，但该 App 依旧不温不火。

在这样的背景下，腾讯既克制又迫切地将视频号放在整个微信生态中仅次于朋友圈的重要位置，显然是在集中优势兵力做一次更猛烈的突围。也正因如此，无论是内容创作者还是普通用户，在嗅到了视频号有可能带来的商业机会之后，都迫不及待地想要开通视频号。

3.1 如何开通视频号

目前，视频号仍然未对所有用户全面开放，但在灰度内测几个月之后，我们依然明显地看到了越来越多的用户正在开通视频号功能，即创建自己的视频号。

目前来看，已经开放视频号权限的用户可以分为以下两类：

第一类，可以观看、点赞、评论、转发，但不能发布视频或图片内容的用户。

第二类，拥有第一类用户的权利、同时还能发布内容的用户，这部分用户也就是我们通常说的内测用户，现在这部分用户的比例已经很高了。而大部分人口中所说的开通视频号，也主要是指开通视频号的发布功能。

在开通视频号的发布功能之前，我们需要先确认自己的微信是不是已经具备了视频号的观看、评论等功能。具体的步骤如下。

第一步：打开微信。

第二步：点击"发现"，在"朋友圈"下方，如果能看到"视频号"三个字，说明你已经拥有了最基本的观看浏览功能，如图 3-1（左）所示；那些不具备此类功能的用户的"朋友圈"下方则是"扫一扫"等其他功能，如图 3-1（右）所示。如果还想试试是不是由于自己的原因而忽略了"视频号"功能，那么请进行第三步。

发现			发现	🔍	⊕
🌀 朋友圈		>	🌀 朋友圈		>
🦋 视频号		>	🐾 扫一扫		>
🐾 扫一扫		>	🎲 摇一摇		>
⚙ 看一看		>	⚙ 看一看 ●		>
六 搜一搜		>	六 搜一搜		>

图 3-1　已有视频号功能的界面与没有该功能的界面

第三步：按照"我"→"设置"→"通用"→"发现页管理"的顺序，查看一下自己在设置中是不是已经打开了"视频号"的功能，如图 3-2 所示。如果按照这个步骤，还没有找到"视频号"三个字，那么请耐心等待。视频号都内测几个月了，估计很快就会向所有用户开放权限。

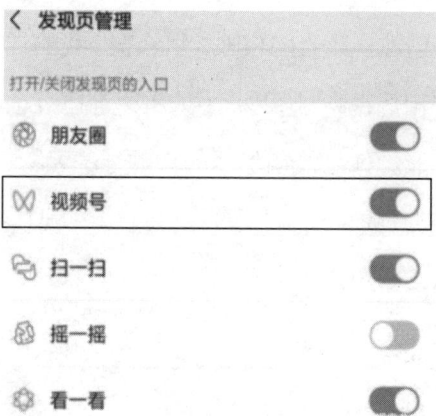

图 3-2　通过"发现页管理"打开"视频号"功能

如果有了观看浏览视频号的基本权限，那么我们接下来就要看看是不是可以开通视频号的发布功能了，也就是创建视频号。其基本步骤如下。

第一步：打开微信，点击"发现"→"视频号"。

第二步：点击屏幕右上角的小人头图标，如图 3-3 所示。

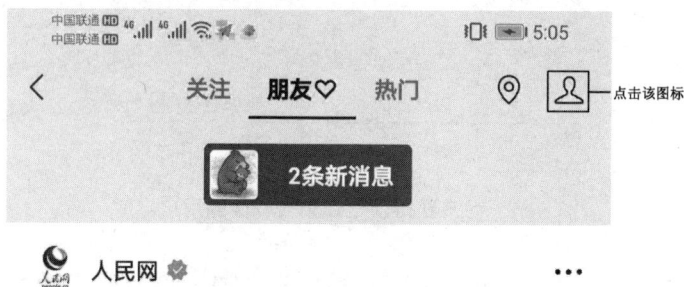

图 3-3　点击屏幕右上角的小人头图标

第三步：在打开的界面中会发现"我的关注""赞过的动态""收藏的动态""消息"和"我的视频号"等选项，如果之前没有创建视频号，而此时已经被微信官方赋予了创建视频号的权限，那么在"我的视频号"下方点击"发表新动态"，会弹出"创建视频号"界面；如果之前已经创建了视频号，在"我的视频号"下方就会显示你已经创建过的视频号的名称；而如果没有创建视频号的权限，那么在"我的视频号"下方就会显示"视频号逐步开放中，请耐心等待……"的提示，如图3-4所示。

图 3-4 尚未获得创建视频号权限的用户界面

第四步：点击"发表新动态"，在弹出的"创建视频号"界面中按照操作步骤输入相关的头像、名字、简介、性别、地区等基本信息之后，就可以轻松地完成视频号的创建工作了。

早期获得视频号内测资格的方式大致有以下几种，我们在这里做一个简单的介绍。

第一种：官方邀请，这类人相对较少。比如刘兴亮老师就是被张小龙直接邀请参与内测的，受邀内测截图如图 3-5 所示。

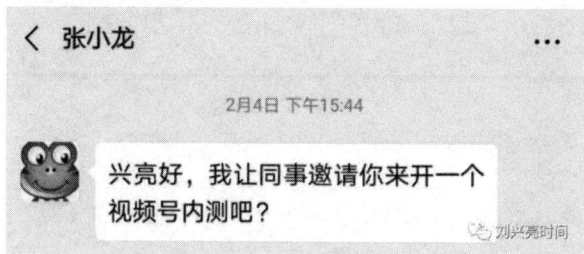

图 3-5　刘兴亮老师展示的受邀内测截图

第二种：官方随机选中内测，微信官方通知如图 3-6 所示，大部分视频号的内测用户都属于这一类，我也属于此类用户。

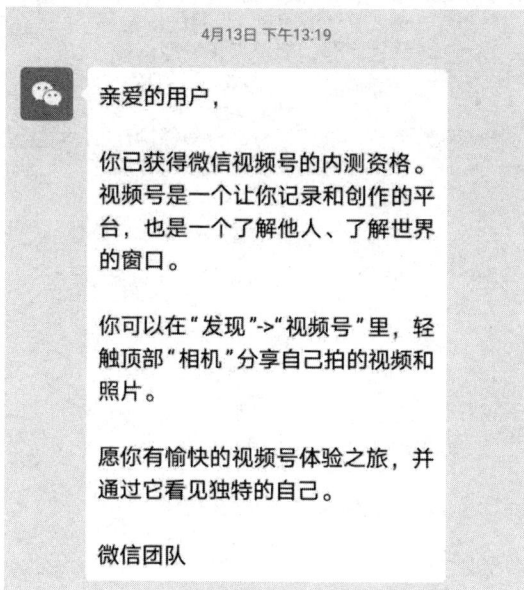

图 3-6　微信官方随机选中内测的通知

第三种：通过二维码申请获得内测资格。不过这个申请通道只开放了很短的时间就关闭了。

第四种：通过邮件申请获得内测资格。该方式需要用户在其他平台拥有数十万甚至更多的粉丝数量。邮件内容包括你的身份信息、个人或机构介绍、想参与内测的原因等，在填写影响力证明时，主要填写你在其他平台的粉丝量截图、作品链接和播放量等。

第五种：已经开通视频号的好友邀请。微信会内推 3 个邀请卡名额给已经开通视频号的优质账号，账号主只需要将邀请卡发给认识超过 3 个月的好友，该好友即可开通视频号，如图 3-7 所示。

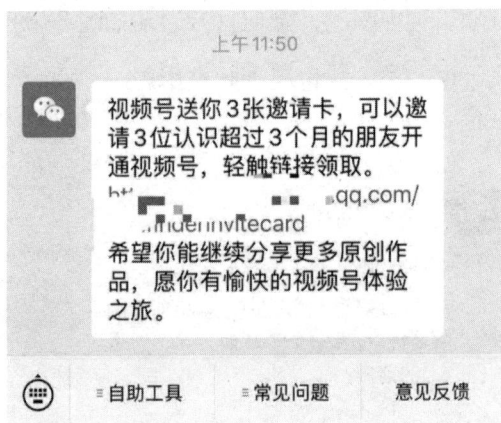

图 3-7　视频号邀请卡截图

对于稍晚创建或者尚未创建视频号的用户，我的建议是不要过于焦虑地认为错过了第一班列车就没有红利了。大家去看微信公众号，那些最早积累了数十万粉丝的账号有些已经停更了、有些已经被封号了、有些在"刷刷刷"地掉粉，尽管如此，依然有几十万个后起的优质账号，凭借其原创内容突出重围。

视频号真正的商机，不在这两三个月，而在它向所有微信用户开放之后的两三年，甚至哪怕两三年之后，我们依然还有大量的机会。而机会，只留给那些有准备的人。从现在开始，是时候该准备你的视频号基本定位、内容素材及 IP 运营策略了。

3.2 如何对视频号进行基本设置

视频号名字

创建和打造视频号面临的第一个问题就是："我应该给自己的视频号取一个什么名字呢？"名字就像脸蛋一样，是我们给陌生人的第一印象。

比如我的名字"刘庆振"三个字，给人的第一印象就是这个人有可能是个方方正正、四平八稳的人，大家无法把我的名字与有趣的灵魂挂钩，所以我要花几年甚至几十年告诉大家我其实拥有一个有趣的灵魂。我在自己的视频号发布的"振振无语"系列内容，都采用了趣味化表达，如图 3-8 所示。

因此，大家要思考，你想通过短短几个字的名字让大家对你和你的视频号形成一个什么样的印象？很多时候，人跟人之间的感觉是非常微妙的，没有来由地喜欢，没有来由地讨厌，是常有的事情。

＃振振无语＃

21个动态

我当年是怎么求婚的

我说，嫁给我吧 ♥ 31

耕读志 ✅

我当年是怎么求婚的？...

有位女生哭诉
现在的男生太坏了

现在的男生太坏了 ♥ 15

耕读志 ✅

有个女生失恋了，来跟...

世界上最残酷的3个字是什么

你们真是没见过世面，告诉你 ♥ 4

顺丰快递小哥骂我有病
我要不要投诉他

他居然骂我有病 ♥ 9

图 3-8 "振振无语"系列内容截图

视频号名字又分为以下两类。

第一类，机构视频号。这类视频号有以下几种命名方法供大家参考。

方法一：惯用名称法。适合那些知名度大、影响力大、覆盖面广的机构，如图 3-9 所示的麦当劳、北京大学，它们只是在视频号的平台上开通一个新的传播渠道和发声窗口，没必要再去标新立异地取名，直接使用已经在社会上形成广泛认知的那个名字即可。这个方法适合各类大中型机构用户，小微型机构用户也可以参考。

图 3-9　麦当劳、北京大学等机构的视频号

方法二："简称+功能"法。这个方法比较适合那些知名度不高但是有明确的产品、服务的组织机构，它能够非常明确地向用户传达两个信息：你是谁？你是干什么的？如图 3-10 所示的"腾讯产业互联网"和"健牧跑步"。大家虽然对腾讯非常熟悉，但是对承担着"腾讯产业互联网"功能和业务的

这个部门并不是太熟悉，这时候就需要非常明确地告诉用户你是干什么的。

图 3-10 "简称+功能"法命名

第二类，个人视频号。目前在视频号的内容创作者当中，有 90%以上是个人创作者。由于大家职业不同、兴趣各异、地域差别大、目的多样，所以我们没有办法全都列举出来，表 3-1 列举了几种典型的个人视频号命名方式。

表 3-1 典型的个人视频号命名方式

序号	命名方式	适合人群	优点	举例
1	个人姓名法	企业创始人、影视明星、有一定知名度的个人	视频号名称具有唯一性，能够与现实生活中的人相对应，便于打造个人 IP	王石、李子柒、杨幂、刘兴亮、龙东平等
2	自媒体账号法	在微信公众号、微博、抖音、今日头条、知乎等各类自媒体平台上的内容创作者	便于实现粉丝在不同平台之间的迁移，有利于打造自媒体矩阵，从而形成内容产品的传播合力	papi 酱、暴走夫妻、皮卡有点皮、花边社、秋叶大叔等
3	姓名+定位法	有一技之长、有一定影响力或粉丝规模、在特定圈层中较为活跃的用户	姓名或绰号与自身的主要功能或定位相结合，容易形成记忆点，便于创作者更好地为广大用户提供某种娱乐或技能服务	菲比讲英语、朱一旦的枯燥生活、爱画画的 Tina、壁画师佳佳、张三三瑜伽等
4	姓名+特征法	在容貌、表达、技能、资源等方面有与众不同之处的用户	容易在用户脑海中形成深刻的印象	大耳朵熙熙、三胞胎李大福、退休老师艾爷爷、轮椅姑娘珊珊等
5	独特销售点法	那些能够向特定人群提供更有价值的商品、技能服务的用户	定位清晰、目的清晰、功能清晰、目标用户清晰、内容产品清晰	PS 入门教程、详细面食手法教程、根雕老木匠、架构师之路等

序号	命名方式	适合人群	优点	举例
6	地域/组织+特征/法	以对广大用户有吸引力的城市、企事业单位或旅游景点、网红打卡点等为特征的用户	能够清晰定位用户所处的地理位置或组织机构，可以更好地吸引本地用户或利益相关者关注	鹅厂小张、燕赵女司机、宝鸡吃货、清华李大叔、武汉食神等
7	"卖嗲卖萌"法	颜值出众、性格可爱、表情丰富的青年男女	通过接地气或可爱的昵称彰显个性，营造一种轻松沟通的氛围，缩短与用户间的心理距离	叫我小丸子、酸酸甜甜肖舒舒、做有温度的女博士、小小小端儿等

此外，很多视频号创作者也提出了自己对视频号命名的看法。

比如，刘兴亮老师就认为："名字，越直接越好。在视频号也一样，你要向观众传播什么信息，常常是简单粗暴最有效，拐弯抹角的方式不会让人记住。这时候千万不要使用'风雅颂'的文学手法，犹抱琵琶半遮面，粉黛低垂状娇羞，连误会都很难引起。一句话，意义要明确。"

再如，有人问秋叶大叔，视频号起名字有什么讲究不？秋叶大叔的回答是："第一是好记，第二是独一无二，第三是你有商标权优先。"

所以，事实上给视频号确定名字这件事情没有一个统一的标准，但是上述这些思路都可以作为大家的参考。最重要的一个原则就是：你自己喜欢的名字，才是最好的名字。如果连自己都不喜欢，用户又怎么会喜欢呢？

视频号简介

在确定了视频号名字之后，接下来要做的事情就是撰写视频号简介。微信视频号不同于其他以娱乐为主的短视频平台，它试图打造一个覆盖领域更广、用户规模更庞大、社交功能更顺畅的短内容生态。因此，当与你不熟悉的用户进入你的视频号页面时，他是想获取关于这个视频号更多的信息，这时候，视频号简介就非常重要了，它可以起到吸引用户关注使其成为粉丝的作用。

视频号简介应该怎么写呢？无论是个人视频号还是机构视频号，都可以从以下几个角度来思考，我把它归结为十四个字：有用有趣有经历，定位品牌影响力。

第一，有用。在视频号简介中直接告诉用户你的价值，如图 3-11 所示，告诉用户你是谁，你擅长做什么，是不是可以在某个方面帮到他，或者你能为他提供什么样的服务。在流量获取成本越来越高的语境下，简单直接地告诉用户这些"干货"，一方面可以节约用户的时间，另一方面也显得更坦诚。

图 3-11 在视频号简介中直接告诉用户你的价值

第二，有趣。用户都喜欢有趣的人，视频号的名字和简介虽然简短，却最能够考验你是否能够以有趣的语言表达自己的风格，因此，如果能够利用简介展现出自己有趣的灵魂，一定能够获得用户的青睐。趣味视频号简介如图 3-12 所示。

图 3-12　趣味视频号简介

第三，有经历。有故事的人，大家也喜欢。比如你曾经孤身穿越大戈壁，或者经历了其他让人惊叹或唏嘘的事情，都可以写在简介中。此外，你的工作经历、教育经历、生活经历及各种成就，也都可以写在简介中，如图 3-13 所示，这样可以让那些注意到你的用户更好地了解你并成为你的粉丝。

第四，定位。其实在视频号的命名环节，我们就重点强调过定位。在简介中不必重复名字中的原话，但是可以将自身的定位进行拓展，详细阐述自身的定位及这一定位能够为用户带来什么样的价值。定位，说到底就是要确定我们的视频号在用户心中的一个独特位置。如图 3-14 所示，把视频号的定位在简介中突出一下，当用户需要某一特定领域的内容、商品或服务的时候，他们能在第一时间联想到你的视频号。

图 3-13　把自己的经历写进视频号简介

图 3-14　把视频号的定位在简介中突出一下

第五，品牌。微信公众号的那句宣传语"再小的个体，也有自己的品牌"同样适用于视频号，视频号不但是企业展现自身品牌的窗口，也是普通用户打造个人 IP 的平台。对于所有视频号的创作者来说，凡是可以被品牌化的具体产品或特征，都可以在简介中呈现给广大的用户，如图 3-15 所示。

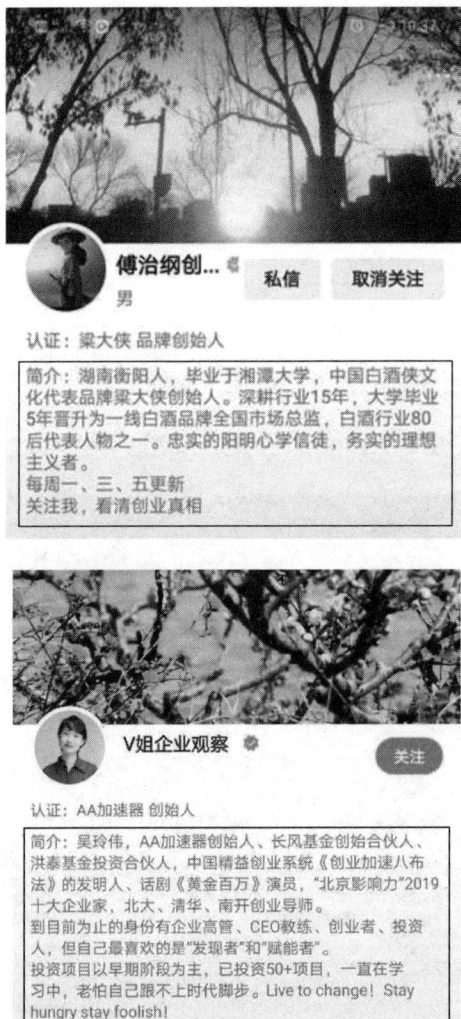

图 3-15　在视频号简介中呈现个人 IP

第六，影响力。你在某些重要机构担任重要职务，或者在某些互联网平台拥有数十万乃至上百万的粉丝，或者在某些具体领域已经有了广泛的社会资源积累等，就可以在视频号简介中展示出你的个人影响力，如图 3-16 所示。这些标签能够让广大用户对你或你的品牌有更深入的了解。

图 3-16　在视频号简介中展示个人影响力

头像和封面

接下来要做的事情就是设置视频号的头像和封面。

对于个人视频号来说，头像设置最重要的一点就是真实，因为视频号是在"记录真实生活"。视频号头像和微信号头像类似，最好能够达到一眼能看清你是谁的效果。因为很多时候我们对某人是否有感觉，基本上是可以通过头像来判断的。所以，个人在设置头像时可以在小范围内做一下 A/B 测试，如在自己的朋友圈或者粉丝群发一个调查问卷。

当然，也有人会问，难道我用卡通头像不行吗？这其实没有行与不行之说，卡通头像也是你真实头像的某种抽象，它甚至在一定程度上比你的真实头像更能反映你的某些面部特征，比如瓜子脸、大嘴巴或者美人痣等，这样也能让用户对你形成深刻的印象。当然，设置头像没有绝对的原则，只要能够达到我们期待的效果，任何不违法的头像都是允许的。

对于机构视频号来说，头像设置有几种选择：第一种，就是机构的 Logo，如前面提到的麦当劳、健牧跑步等，这样设置的好处是用户第一眼就能识别那些大众品牌；第二种，对于那些 Logo 辨识度不高的创业型企业，可以选择使用其创始人的头像作为机构头像；第三种，也可以以具体的产品、服务或场景作为机构头像。

此外，视频号的封面图片设置也非常重要。与头像相比，封面图片的尺寸更大，可以呈现的信息更多。对于个人视频号来说，它可以向用户展现自己在生活、学习、工作、社交等具体场景中的个人形象，也可以以"图片+文字"的方式向用户展示自己的独特定位或独特的销售卖点。

对于机构视频号而言，封面图片可以展示工作场景、组织文化、商品服务，机构也可以选择其他对用户有着较强吸引力的图片或图文作为封面图片。

此外，需要注意的是，视频号的封面图片与朋友圈的封面图片有一个相似点：用户点击进入视频号之后，系统向用户呈现的封面图片实际上只有整张图片的 2/3，其余部分需要用户下拉才能完全展现出来，如图 3-17 所示。这就要求我们在设置视频号封面的时候，要把主要信息集中在图片下方的位置。

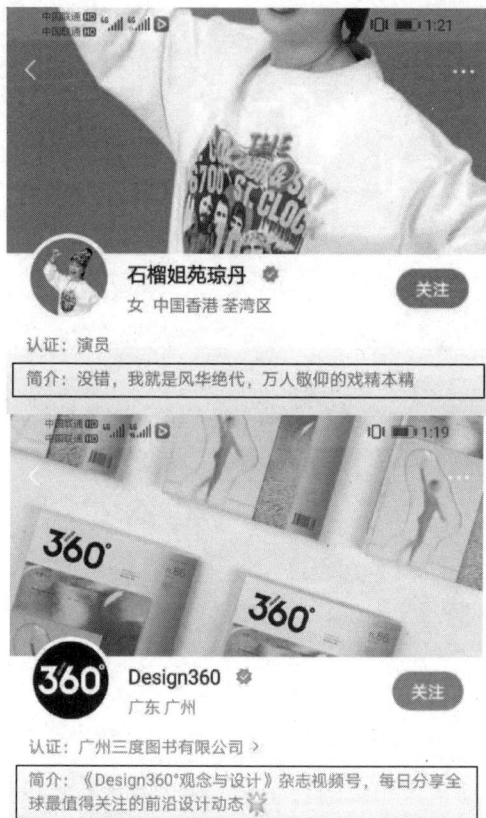

图 3-17　视频号封面需要下拉才能完全展现出来

3.3 如何快速通过认证

视频号的认证主要有个人认证和企业（机构）认证两大类。

个人认证步骤如下：进入自己的视频号主页→点击名称右边的三个点→选择"认证"→进入视频号认证页面→点击"个人认证"。个人认证需要同时满足如图 3-18 所示的三个条件：（1）近 30 天发表 1 个内容；（2）粉丝 100 人以上；（3）已填写简介。

这三个条件其实都不难满足，尤其是条件（1）和（3），基本上就是动动手指的事。条件（2）相对来说有一点小难度，但我觉得也就是向前迈一步这样的难度。很多人会说，刚开通视频号，哪能一下子就有 100 个粉丝？在我看来，如果不能轻松搞定 100 个粉丝，其实也就没有认证的必要了。

视频号认证

请选择认证类型

个人认证
适合个人申请   〉

企业和机构认证
适合企业、机构申请   〉

个人认证

适合个人真实身份申请

近30天发表1个内容   未完成

粉丝100人以上   未完成

已填写简介   未完成

满足以上条件后才可以开始申请

查看认证需要提交的资料

图 3-18　视频号个人认证的三个条件

要快速获得 100 个粉丝，我的做法是：第一步，把视频号的二维码保存到手机；第二步，把这个二维码发到我的小学同学、初中同学、高中同学、大学同学、硕士同学和博士同学的群里；第三步，在群里发两句问候语，告诉这些同学我要做视频号了，你们再不来关注我，咱们之间的友谊小船就翻了。

当然，还是有必要发个实惠的红包。不到一个小时，这 100 个"原始股"粉丝就集齐了。所以在开通当天我就很快申请了认证，并且在一周之后顺利完成了认证，认证详情如图 3-19 所示。

认证通过

你申请的认证已经通过。

4月20日 23:35

了解详情   ❯

你好，耕读者

欢迎加入视频号，点开这里有你可能想了解的。

4月13日 13:27

了解详情   ❯

认证详情

耕读志 ✔

学者

图 3-19   视频号认证详情

有用户会问，完成认证需要一周这么久吗？标准时长我不太清楚，但是在认证过程中，我们也有机会加速完成认证，那就是邀请好友辅助认证。但是邀请好友辅助认证必须同时满足两个条件：条件一，他的认证身份和你申请认证的领域一致；条件二，你们必须是已经认识超过三个月的微信好友。

我认证的时候也曾经想过找个好友帮我辅助认证一下，但是我在视频号里搜了半天，首先像我一样被认证为学者的人数在当时本来就很少，这很少的人数当中，我还一个都不认识。因此，我就只好放弃"绿色通道"而静等官方审核了。

个人认证又分为职业认证和兴趣认证两大类，示例如图 3-20 和图 3-21所示。

图 3-20　职业认证的个人视频号

李子柒 ✓
美食博主

···

一口鸡汤，两三片腊肠，蘸一筷子腐乳，好个下饭呀
（二）

🔗 又是一年腊月到，囤些腊肠好过冬喽

茶业老徐：关于子柒，我的赏析：视频中李子柒与她的
劳动对象融为一体，豌豆、玉米、拉面等等都是她…

多位朋友看过   ❤ 1.7万   💬 817

地球村讲解员 ✓
科普自媒体

···

星球塑料
@地球村讲解员

为什么要垃圾分类？这可能是最好的回答～人类终
于将塑料循环给了自己～#垃圾分类# #塑料# #地
球# #知也无涯# …

图 3-21 兴趣认证的个人视频号

职业认证包括运动员、演员、作家、医生、音乐家、主持人、教授、学者等。比如朱亚文的认证就是演员，而我的认证则是学者。

这里多说两句，在学术领域的认证分为教师、学者和教授三个层次，第一个层次主要是指在各大、中、小学担任教学工作的普通教师、助教、讲师等；第二个层次主要指拥有副教授职称的学者；第三个层次则是指那些拥有较大影响力的知名教授或专家。

兴趣认证则主要分为自媒体、博主和主播三大类。自媒体认证包括美食、旅行、科普、互联网等，比如李子柒的视频号认证是美食博主，房琪 kiki 的认证是旅行自媒体。

在进行职业认证和兴趣认证时，我们还需要提前准备如图 3-22 所示的证明材料。具体来看，职业认证需要填写真实姓名、有效手机号、证件号码，上传相关证明材料，并填写申请说明。申请认证企业高管的个人用户还需要准备企业的营业执照、在职证明等。兴趣认证则需要申请者提供自己在垂直领域的粉丝证明，比如视频号或公众号的粉丝超过 10 万，或除微信外的其他平台有超过 100 万粉丝的证明。

除了个人认证，视频号还同样提供企业或机构的认证服务。企业或机构认证和个人认证一样，都需要个人微信的实名身份认证，区别在于企业或机构认证需要已经认证的公众号管理员扫码确认。

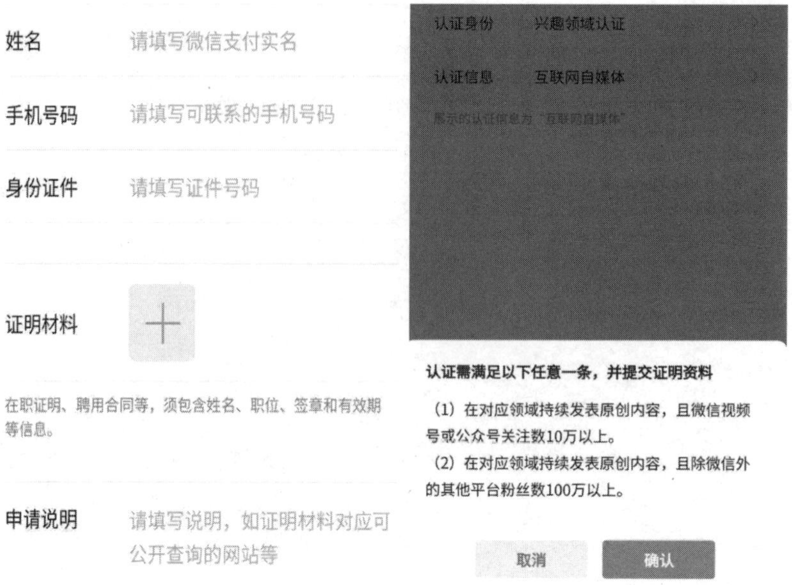

姓名	请填写微信支付实名
手机号码	请填写可联系的手机号码
身份证件	请填写证件号码

| 证明材料 | ＋ |

在职证明、聘用合同等，须包含姓名、职位、签章和有效期
等信息。

| 申请说明 | 请填写说明，如证明材料对应可
公开查询的网站等 |

认证身份　　兴趣领域认证

认证信息　　互联网自媒体

所示的认证信息为"互联网自媒体"

认证需满足以下任意一条，并提交证明资料

（1）在对应领域持续发表原创内容，且微信视频
号或公众号关注数10万以上。

（2）在对应领域持续发表原创内容，且除微信外
的其他平台粉丝数100万以上。

取消　　确认

图 3-22　个人认证需要准备的材料

视频号认证的主要价值如表 3-2 所示。

表 3-2　视频号认证的主要价值

认证类别	个人认证		企业或机构认证
	职业认证	兴趣认证	
图标颜色	黄 V	黄 V	蓝 V
认证价值	用户进行个人认证，相当于给自己一张个人名片，用户的输出内容也有了一个鲜明的标识，让其他人更容易了解用户	用户选择职业认证，可以使自身形象更为突出，标识更加鲜明醒目，可以提高其他用户的信任度，有利于用户更好地持续输出内容	企业机构认证可以展示公司名片，直接宣传公司的形象和产品，有利于提高公司的知名度，带来更多的企业效益
形象展示	职业领域适合于展示个人职业形象	兴趣领域适合自媒体机构和达人认证	企业认证则适合企业的宣传和产品展示
流量权益	尚无特殊权益，未来是否会有仍然是个未知数，有人猜测可能会有流量倾斜		

3.4 全面解析视频号的基本功能

发布功能

视频号的基本功能中最主要的就是内容发布功能，不同于其他短视频平台的发布功能，视频号的内容发布既可以是短视频内容的发布，也可以是图片的发布。

视频内容发布：长度为 3 秒~1 分钟；早期的视频号封面不可选，默认为第一帧，2020 年 6 月改版后的视频号可以自定义封面；横屏拍摄和竖屏拍摄的展示效果各有优劣；编辑时可以添加表情包、文字、音乐等。

图片内容发布：最少添加 1 张，最多添加 9 张；编辑时可以添加涂鸦、表情包或文字等。

下面简单介绍一下视频号内容的发布流程。

第一步：选择"发现"→"视频号"命令，再点击右上角的小人头像，在打开的页面中点击"发表新动态"图标；或者进入自己的视频号主页之后，点击右上角的相机图标，如图 3-23 所示。

图 3-23　点击视频号主页右上角的相机图标

第二步：在弹出的菜单中选择"拍摄"或"从相册选择"命令，如果从相册选择，可以选择 300 秒以内的视频内容或者 9 张以内的图片，如图 3-24 所示，选择之后进行下一步的编辑。

第三步：对选择的视频或图片内容进行编辑，如图 3-25 所示，在编辑结束后，点击"完成"进入发表页面。

第四步：键入相应的文字，选择想要参与的话题，插入你所在的地理位置，粘贴相关的公众号文章链接，如图 3-26 所示。

在点击"发表"之前，需要注意的几点再跟大家强调一下。

第一，任何图片或视频内容的发表，都可以配 1000 字以内的文字，作为对发表内容的延伸阅读，这样可以避免因短内容的图片容量或时长容量有限而表达不充分的弊端。

图 3-24　从相册选择要发布的视频号内容

图 3-25　视频号的内容编辑

第二，无论是视频还是图片，发布时都可以添加扩展链接，不过目前仅限于公众号文章链接，未来应该可以插入更多其他形式的链接。

第三，可以自己设置或发起话题，尤其是对于那些专属性较强的话题，这在一定程度上就像是对自己的视频号内容的分类，例如我的视频号内容有几个主要的方向，那么我就可以把不同的方向设置为不同的话题，如"振振有词儿""一分钟 get√一本好书"等，用户只要点击话题，就可以进入一个专辑页面，里面集合了所有打上这个话题标签的内容。

图 3-26　视频号发布之前支持插入话题、位置和公众号链接

第四，位置标签也具有跟话题标签类似的功能，当用户点击一个位置信息的时候，打开的页面中集合了所有打上这一位置标签的内容。所以，选择一个专属的地理位置信息，也是向用户展示你基于这一位置而发布的专辑内容的一个重要手段。未来，位置信息应该还会与更多本地化服务进行链接。

编辑功能

除了基本的发布功能，视频号还内置了完备的编辑功能，无论图片还是视频，都可以非常方便地进行二次创作，比如大家经常会在图片上添加表情、水印或文字；如果是视频内容， 还可以添加背景音乐，如图 3-27 所示。

图 3-27　视频号的图片编辑与视频编辑功能

事实上，在短内容尤其是短视频的编辑方面，视频号目前的编辑功能无论与抖音还是与快手相比，都显得比较单薄。有些用户也预测，当微信全面开放视频号的创建和发布之后，将会在模板、特效和音乐方面有一个较大的改进。对于这种预测，我们无从判断它是否会变为现实，但我认为当前的视频号编辑功能已经基本够用。

第一，视频号要对比抖音和快手等短视频平台覆盖范围更广的移动互联网用户进行赋能，12 亿的微信活跃用户意味着三分之二以上的国民都将被赋予拍摄和上传视频内容的权利。这些人的文化水平和技术水平可以说是参差不齐，微信视频号要做到的是，让那些技能和水平最差（并不意味着他们的想法、创意和内容也同样差）的用户也可以通过视频号轻松地进行内容拍摄和剪辑。而视频号目前提供的基本剪辑功能，已经做到了操作足够简单、时间成本足够低。

第二，对于那些更专业的短视频内容创作者，哪怕视频号再增加它的滤镜或特效等功能，这部分人群依然会选择使用专业的视频剪辑软件和后期特效制作软件，所以，视频号的基本功能究竟表现如何，对他们来说并不重要。

第三，对于那些介于普通内容创作者和专业创作者之间的半专业创作者，目前市场上已经有很多表现不错的移动应用程序可以为他们提供傻瓜式的剪辑功能，微信视频号也没有必要去做这样的应用开发。

基于以上分析，视频号的剪辑功能是否应该继续强化，也就显得不那么重要了。我们可以把更多的关注点放在它的社交功能上。

社交功能

1. **点赞**：用户点击视频号内容右下角的心形图案即可对内容进行点赞，也可以通过双击视频中心位置进行点赞。视频号官方声称，"您点赞过的内容，系统也将有可能将它推荐给您的微信好友。"但据我观察，在早期的视频号版本中，我不点赞但是稍微多看了几眼或者看完了的内容，也非常有可能会被推荐给我的好友。这意味着算法的逻辑是：我喜欢的内容，我的朋友也可能会喜欢。

2. **评论**：短视频内容的右下角有一个小对话框图标，点击这个图标，就可以对短视频内容进行评论。用户的评论数量也是影响系统是否会向更广阔的流量池推荐一则短视频内容的重要指标。

3. **转发**：早期的视频号版本中，点击一则视频号内容右上角的三个点图标，就会弹出转发选项；改版之后，转发给好友或微信群的选项被前置到了视频号内容的左下方，而分享到朋友圈的选项依然在右上角的三个点位置，如图 3-28 所示。微信视频号得天独厚的优势在于，它可以将视频号内容转发给自己的微信好友、转发到微信群、转发到朋友圈，而这种转发是基于微信整个生态体系的社交链来实现的。你转发完之后，看到这则视频号内容的朋友也可以将其进行转发，这就使得一则视频号内容能够沿着六度空间的传播路径，不断向外扩散、裂变。

4. **收藏**：当我们喜欢一则视频号内容的时候，也可以点击左下角的星形图形，把它收藏起来。日后想要查找这则视频，可以通过"视频号—右上角的小人头像—收藏的动态"进行查找，就像查找公众号文章那样。另外一种收藏的方式，就是为你喜欢的这则视频号内容点赞或者留言，当你想要查找过去点赞或留言过的内容时，就可以通过"视频号—右上角的小人头像—赞过的动态"去查找，如图 3-29 所示。

图 3-28　改版后的视频号界面

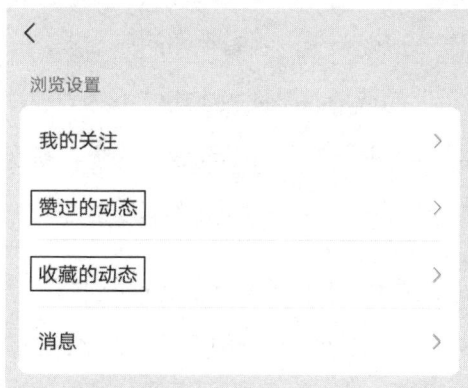

图 3-29　"赞过的动态"和"收藏的动态"

5. **关注**：如果我们对某一个具体的视频号创作者产生了兴趣，想要持续关注他，可以点击视频号内容左上角的圆形头像，进入这位创作者的个人页面，然后在简介的右侧位置点击"关注"即可。如果想要查找已经关注过的视频号，可以通过"视频号—右上角的小人头像—我的关注"进行查找。有用户认为，微信是刻意将视频号的关注按钮设置在了创作者个人页面之内，而非视频号的瀑布流之中，也是希望创作者能够将更多的精力投入内容创作过程中，这是有一定道理的。

6. **社会化内容消费**：在部分视频号内容的左下角，早期的视频号版本中系统会打上"多位朋友看过"或"你可能认识的人"，前者是典型的社会化阅读提示，它意味着系统会认为你的朋友看过的内容你也喜欢看，所以才将其推荐给你；后者则是基于微信好友关系、地理位置关系或者其他大数据分析的结果向你推荐好友发布的内容。而在 2020 年 6 月改版后的视频号版本中，系统则进一步向用户显示张某某等 20 位用户也点赞过该动态，基于地理位置的内容推荐则被调整到了用户视频号浏览界面的右上角位置。但无论怎么调整，其基本逻辑始终没变，但用户体验会变得越来越好。

7. **不喜欢**：点击一则视频号内容右上角的三个点，除了分享，还会弹出"不感兴趣"和"投诉"的选项，早期版本中"不感兴趣"又分为"不喜欢作者"和"不喜欢内容"，如图 3-30 所示，改版后的版本则直接将二者合并了。"投诉"则是向用户提供了一种举报问题内容的渠道。

8. **发起话题**：如前所述，在视频号内容发布页面中有一个话题"#"选项，这个选项有两层含义：一是你可以自己创建一个话题；二是你可以直接使用这个功能参与别人已经创建过的话题。比如最典型的#2020我相信#的话题页面，如图 3-31 所示。

图 3-30　早期视频号版本中的"不感兴趣"选项

图 3-31　#2020 我相信#话题页面

这个话题的发起人阿喵点名了三位好友：十点林少、凉凉和网易王三三。但事实上，当时的视频号尚未上线@好友这一功能，我们在视频号中@好友，他们是看不到的；直到 2020 年 6 月微信视频号改版之后，才正式上线这一功能，并把它与话题功能放在了同一位置，如图 3-32 所示。

图 3-32　视频号改版后的插入话题和@好友选项

除此之外，她还在微信群里发出了邀请，很快就有超过 50 位群友响应参加。各界人士以点名接龙的形式表达了自己对 2020 年的期许。自发参与话题接龙的包括杨天真、吴晓波频道、陈诗远这样的名人大 V，连刚开通视频号的陈学冬也被这个标签吸引，虽然他并未参与接龙活动，也为话题贡献了一拨儿流量。这是微信视频号上线以来第一次大规模的自发接龙活动。

总体来看，2020 年 6 月初视频号进行的这次改版，除了增加收藏、转发、暂停、滑动播放等功能，视频号的社交属性变得更加明显。

此次改版的最大改动，便是首页不再为单一的信息流模式，而是在顶部增加了"关注""朋友""热门""附近"四个模块，如图 3-33 所示。

图 3-33 用户浏览界面顶部的主要模块

在"关注"页面中，用户可以直接查看已经关注的视频号。视频号的排序逻辑为用户关注视频号时间的先后，这跟订阅号的排序逻辑较为类似。

在"朋友"页面中，用户可以查看自己所有好友点赞过的视频。事实上，之前视频号也会依据朋友的点赞进行内容推荐。不过，现在"点赞视频"统一集中在了"朋友"页面里，这跟"看一看"中"朋友在看"的形式与逻辑较为相似。

在"热门"页面中，用户可以看到平台推荐给自己的视频内容。目前来看，观看、评论、点赞数量较多的视频内容会被推荐到"热门"页面中，背后是基于算法的智能推荐。

在"附近"页面中，用户可以查看附近用户发布的视频，每个视频还可显示具体的公里数。基于位置的视频推荐也是视频号的重要推荐方式之一。

第 4 章

视频号的内容创作

好的内容是组织和个人打造成功的视频号的基础，就像视频号官方宣称的那样："视频号是一个人人可以记录和创作的内容平台，也是一个你了解他人、了解世界的窗口。"

这句话反过来说也是有意义的：视频号也是一个他人了解你、世界了解你的窗口。而他人和世界要想通过视频号了解你，主要就是通过你的内容。因此，你要高度重视视频号内容的创作，因为别人在看它们的时候，其实就是在看你。

4.1 所有人都可以创作出好的视频号内容

很多自媒体内容创作者经常会有这样的感慨：越来越多的内容平台的流量正在被那些头部账号吸走。是的，普通创作者面临的境况越来越艰难，这是一个不争的事实，我觉得没必要避讳。

但我们更不应该避讳下面的 3 个问题。

问题 1：我们有没有像那些成功的内容创作者那样有规律、有体系地进行内容创作？

问题 2：我们有没有真正摸清并顺应平台的规则去创作？

问题 3：我们有没有真正把它当作自己人生中最重要的一部分去创作？

如果我们坚持做到了以上几点，我相信我们所创作出来的视频号内容都会是非常优质的内容，最起码会比现在的内容优质不止十倍。

很多刚刚开通视频号的朋友经常跟我抱怨说："我都发了二十多条视频号内容了，为什么粉丝量依然增长缓慢呢？"

我觉得除了跟视频号将"关注"功能深深地埋藏在创作者主页（这使得关注一个人的步骤增加了）这一设计有关，更重要的还是我们的内容没有优质到可以吸引潜在粉丝通过点击头像来到我们的主页；即使点击进来了，我们主页上向用户展示的所有内容也没有优质到能吸引他们成为我们的粉丝。

要知道，在短视频生态中，我们的一句话、一个动作或者一个眼神，都在向所有观看我们的短视频的用户昭示着我究竟是一个好看的皮囊，还是一个有趣的灵魂，或者二者都不是。

我们在视频号上发布出来的所有图片、影像和文字，可能让用户觉得我们积极乐观，也可能让他们觉得我们负能量爆表；这些内容既能让我们看上去是一个有情怀、有趣味、有价值且值得信赖的老朋友，也有可能让我们看上去像一个满嘴谎言的骗子或者滑稽至极的疯子。

因此，一定要时刻铭记一点：你的视频号发布的所有内容，都是你和整个视频号平台上的所有用户（包括你的潜在粉丝）进行交流互动的最主要的工具，视频号的内容就是他人和世界认识你、了解你的窗口。

视频号上呈现出来的一句句文字、一张张图片或者一段段视频，都是我们自己的代言人，我们通过它们告诉用户我们是谁、我们想要成为谁、我们能够服务谁。因此，你的视频号的内容及其风格，是你在这个全新的移动互联网时代吸引用户、累积粉丝最有力的法宝和最珍贵的资产。

　　而这些，并不只是那些专业的视频拍摄或者剪辑人员所拥有的特权。恰恰相反，我们每个普通人或普通机构都有机会创作出深受用户喜爱的内容。

　　最经典的案例莫过于快手的《看见》与 B 站的《后浪》这两则短视频，其截图如图 4-1 和 4-2 所示。虽然二者都创造出了现象级的刷屏成绩，但相比《后浪》,《看见》更强调了短视频平台给每一个热爱生活的人以被看见的机会和权利。

图 4-1　快手短视频《看见》截图

图 4-2 B 站短视频《后浪》截图

事实上，在这一方面，视频号直到今天依然保持的克制态度，也向我们昭示出它想要冲破互联网流量世界的马太效应魔咒的决心，它要给每一个普通用户赋能和赋权。与此同时，我们每一个普通用户也应该在内容过剩的世界中用心去创作更优质的内容，去记录更真实的生活。

在视频号的内容创作过程中要把握 7 字"真"言，如表 4-1 所示。

表 4-1 视频号内容创作的 7 字"真"言

序号	要点	详情
1	真人	也就是你的内容最好由你本人亲自"主演"，而不是到处去东拼西凑别人家的镜头，人与人之间的信任在很多时候是要通过"眼缘"来建立的，用户会不会变成你的粉丝，你给他的第一印象至关重要
2	真事	既然要记录的是真实生活，那么当然是那些发生在自己身上或者身边的事情才足够真实，只有真真实实发生的事情会让用户觉得你是一个真实的存在，才愿意走进你的世界，关注你，了解你
3	真诚	你对用户是不是足够真诚，用户隔着手机屏幕都能够感觉得出来。因此，不要干那些弄虚作假的勾当，不要为了流量或者利益去破坏用户对你的信赖。因为这种信赖一旦被摧毁，就很难再重建了
4	真情	我们每个人都喜欢真性情的人，也都会被视频中的那些真情流露所感染。放肆的哭、开怀的笑、掩饰不住的小惊喜……都不应该是矫揉造作的

续表

序号	要点	详情
5	真知	实践出真知,但我们不可能把所有的事情实践一遍,因此,我们也希望从别人那里获得关于这件事情的真实体验及感悟
6	真货	在短视频的逻辑下,用户的注意力是可以在短时间内高度集中的,但同时也是可以在短时间内快速分散的,因此,我们分享的知识、技能、观点必须是干货,我们推荐的产品、服务必须是精品。若用户有一次差评,就有可能永远不会成为你的"回头客"了
7	真话	说真话的人是可亲的、可敬的、可爱的,用户不喜欢那些遮遮掩掩的虚话、套话,但发自内心深处的声音却能够赢得他们的好感。同样的,用户也渴望知道真相,谁能告诉他们真相,哪怕是一部分真相,他们也愿意去关注他、追随他

4.2 如何成功定位你的视频号

市场细分

市场细分是指企业/媒体组织按照某种标准将市场上的用户划分成若干个用户群，每一个用户群构成一个子市场，不同子市场的需求存在明显的差别。

市场细分是选择目标市场的基础工作。有效的市场细分有助于企业/媒体组织将有限的资源更有效地用于发现、挖掘全新的市场机会。

做好视频号领域的市场细分工作，有助于内容创作者全面、详细地比较各个细分市场的潜在机会，并结合自身的能力与资源，最终确定属于自己的目标市场。

市场细分的方法很多，表4-2是我们在对视频号乃至整个短视频市场进行调研时可以参考的细分方法，表4-3是某短视频平台的细分市场举例。

表 4-2　对视频号进行调研时可参考的细分方法

细分原则	具体因素	举例
地理细分	按地理特征细分市场，地理特征包括以下因素：地形、气候、交通、城乡、行政区等	1.北美市场、欧洲市场、东南亚市场等； 2.一线城市市场、二线城市市场、三四线城市市场、县域市场等
行业细分	根据不同行业对某类产品的不同需求而进行的细分	1. 美妆类市场、家装类市场、文旅市场等； 2. 综艺市场、电影市场、电视剧市场等
人口细分	按人口特征细分市场，人口特征包括以下因素：年龄、性别、收入、教育程度、社会阶层等	1. 80 后市场、90 后市场、00 后市场等； 2. 婴幼儿市场、中年男性市场、老年女性市场等
心理细分	按个性或生活方式等变量对市场进行细分	1.冒险型人格市场、稳定型人格市场； 2.乐观派市场、悲观派市场等
社会文化细分	按社会文化特征细分市场，以民族文化、亚文化或小众文化等为细分依据	1.民族文化市场； 2.二次元用户市场
使用者行为细分	按个人特征细分市场，以职业、家庭、个性等为细分依据	1.教师市场、金融精英市场、大学生市场等； 2.单身市场、新婚市场、满巢市场、空巢市场等

表 4-3　某短视频平台的细分市场举例

类别	细分市场
颜值	美女、帅哥、萌娃、美妆、美发、减肥、时尚、护肤、穿搭、街拍等
兴趣	汽车、旅行、游戏、科技、动漫、星座、美食、影视、魔术、声音等
生活	动物、体育、情感、家居等
技艺	搞笑、音乐、舞蹈、文艺、画画、程序员、外语、魔方等
体育	足球、篮球、瑜伽、滑冰等

续表

类别	细分市场
游戏	绝地求生、王者荣耀、刺激战场、英雄联盟、穿越火线、第五人格等
上班族	办公室、程序员、Excel、Word、PPT 等
学生党	小学、初中、高中、大学、语文、数学、公考、校园、教育等
其他	明星、演员、品牌、蓝 V、购物车、种草、金句、政务、老外、探店、头条系、技术流、娱乐、养生、法律、心理、手表等

目标市场选择

在完成了市场细分之后，视频号创作者已经比较清楚各个细分市场的用户需求和行为特征了，接下来的工作就是目标市场的选择。

选择目标市场的三个基本原则如下。

1. 目标市场要有一定的规模和潜力，例如搞笑类短视频市场和颜值类短视频市场已经过度饱和，竞争非常激烈，视频号创作者可以选择尚未被完全开发的教育类短视频市场或技能类短视频市场。

2. 目标市场要与创作者自身的资源相匹配，例如创作者对历史知识有着充分的积累和独到的见解，那么就不要去做自己不擅长的美食类视频号。

3. 目标市场的用户群体要有观看视频号内容的习惯，例如财经类视频号内容面向的商业精英群体工作繁忙，从而导致他们中的相当一部分人几乎没有时间观看视频号内容。

把握好这几个原则，视频号创作者在选择目标市场的时候就会有的放矢，从而能够保证自己所选择的目标市场具备一定的开发价值和商业机会。

完成了调研环节的细分市场研究和目标用户群体研究之后，接下来要做的就是市场定位。

市场定位

市场定位是指根据竞争者的产品在市场上所处的位置，针对用户对该种产品的某种特征、属性和核心利益的重视程度，强有力地塑造出自己的产品与众不同、鲜明的个性或形象，并通过一套特定的营销组合，把这种形象迅速、准确而又生动地传递给用户，影响用户对该产品的总体感觉。

视频号是一种内容产品，对视频号产品的明确定位，意味着创作者决定面向目标用户群制作并发布垂直类短视频内容，这些内容符合目标用户群的兴趣偏好和消费特征，而不是随心所欲、漫无目的地进行生产和发布。

关于视频号定位的必要性，杰克·特劳特和史蒂夫·瑞维金所著的《新定位》一书中明确地提出了以下五点。

1. 消费者只能接收有限的信息；

2. 消费者喜欢简单，讨厌复杂；

3. 消费者缺乏安全感；

4. 消费者对品牌的印象不会轻易改变；

5. 消费者的心智容易失去焦点。

也就是说，创作者对视频号产品进行定位，目的是：使自己的短视频内容成为用户可以接收的有限信息；通过简单的形式满足他们的利益诉求；让他们知道创作者会持续稳定地输出这类视频号内容；维持他们对该账号的既有印象；让他们能在泛滥的信息漩涡中找到聚焦点，第一眼就能认出自己熟悉的内容。

这里再强调一下：什么内容都做的创作者永远无法在粉丝心中形成特色鲜明的标签。

视频号创作者一定要切实厘清自己的差异化竞争优势，并按照以下四个步骤来确定自己的视频号的定位。

1. **分析行业环境**：这里要做好前期的调研工作，其主要目的就是知己知彼，明确知道自己和竞争者相比，优势和劣势分别是什么。

2. **寻找区隔概念**：在调研的基础上，创作者要寻找一个概念，使自己与竞争者区别开来，例如郭德纲的区隔概念是非主流相声演员，李佳琦的区隔概念是淘宝直播"一哥"，李子柒的区隔概念是最美乡村网红等。

3. **找到支撑点**：光有区隔概念还不够，必须要找到支撑点，让其真实可信，例如李子柒并不是因为长得最好看才被称为最美网红的，而是因为她的短视频内容具有画面美、内容美、风格美等特色。

4. **传播与应用**：区隔概念和支撑点找到了，并不等于就万事大吉了，创作者还要通过传播才能将这个差异化的定位植入用户的脑海中，这个过程必须与视频号产品的广泛传播相辅相成，才能起到事半功倍的效果。

视频号定位的维度很多，表4-4主要介绍了领域定位、内容定位和风格定位的基本思路。

表 4-4　视频号定位的维度

定位的维度	基本思路
领域定位	类似品类选择，是准备做女装类、情感类，还是装修家居类等。不能一个账号什么都做，要专注某一方面。这个范围可大可小，比如可以定位做服装，也可以定位到服装里的女装
内容定位	该账号准备向用户传递什么价值？内容的边界在哪里？内容的表现方式是什么？例如，"1 分钟电影院"就清晰地表明了其内容的边界和时长
风格定位	视频号内容需要有明确的风格，色系选择、语言表述、人物表情、字幕呈现等，各个方面都需要表现出不同于其他视频号的明显特色，才能形成差异化标签，例如知性、黑色幽默等

4.3 视频号内容的创作

受欢迎的视频号内容长啥样

在进行视频号内容创作的时候，我们有必要先了解一下，那些受欢迎的视频号内容都有哪些关键特征呢？

1. 大众话题，接地气儿。 大量的爆款短视频内容都证明，那些贴近大众、有广大群众基础的短视频作品更容易引爆传播。在这一点上，视频号与其他短视频平台并无本质差异。大家可以想想 papi 酱早期的作品，例如，大众生活吐槽短视频《你在生活中一定也听到过这些话》上线不久后，仅腾讯视频平台的播放量就达到了 1200 万次，《papi 教你怼烦人的亲戚》也非常容易引起用户的情感共鸣、主动参与和互动转发。再如图 4-3 所示，papi 酱近期在视频号上发布的短视频内容《我为什么不爱发朋友圈》，在视频号尚未面向全部用户开放的情况下，很快就获得了 2 万多个赞。

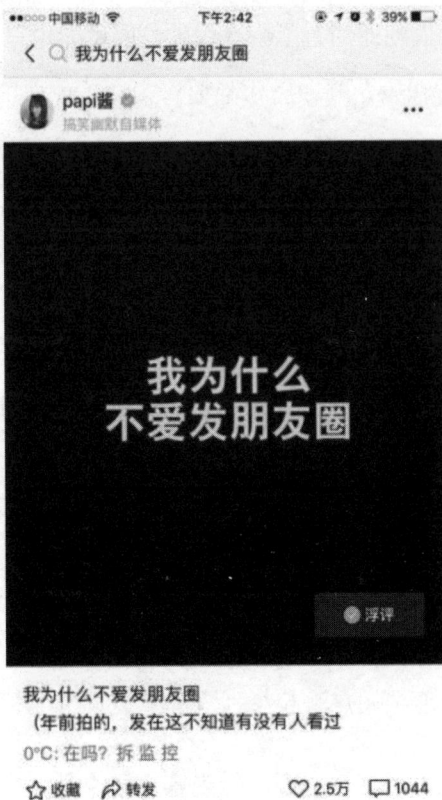

图 4-3　短视频《我为什么不爱发朋友圈》截图

2. **情节紧凑，内容饱满**。由于短视频的观看基本都是碎片化的，因此成功的短视频节奏都非常紧凑，它们力图在最短的时间内向用户提供最丰富的休闲、娱乐或资讯信息。例如一条视频，它改变了纪录片时间长的特点，提炼精华内容，在几分钟内呈现给用户一部完整的纪录片，从而获得了用户的喜爱。

3. **角度新颖，个性突出**。歌星的声音有自己的风格，演员的表演有自己的风格，爆款短视频也有自己的风格，有独特的风格才有辨识度，才能持续打造出爆款作品；否则即使有了一次爆款，很可能也只是昙花一现。"办公室小野"的视频号内容的角度和风格都很新颖，不仅在节目形式上采用了"办公室+美食"的创新，在如何做美食这件事上也是脑洞大开、奇思不断。在视频号开通之前，她的饮水机煮火锅视频就已经引得全网疯狂转发，并在极短时间内占据微博热搜第一的位置。

4. 话题轻松，表达有趣。视频号以其嵌入微信生态、内容时间短、切入点小、话题轻松等特征吸引了大量用户，用户观看视频号内容的主要动机是填充碎片化时间、消磨无聊时间和丰富独处时间，因此那些爆款视频号内容基本都在解决这样的痛点，哪怕是知识类和技能类的视频号内容，其目的也都是让用户在轻松愉快的氛围下"get"到新的知识和技能。最典型的是《新闻联播》的主持人，他们在视频号等各类短视频平台上一改正襟危坐的样子，用春风化雨般的态度跟用户聊起了大国小事。

总的来看，无论是成功的视频号内容，还是其他平台上的爆款短视频内容，其核心要素可以用"视、听、味、道"四个字来概括，也就是画面、音乐、趣味和文案。

1）视：视觉画面。画面是视频最主要的元素。移动互联网时代，用户的注意力都是碎片化的，如果视频号内容不能通过画面快速抓住用户的眼球，那用户就很容易流失。

2）听：背景音乐。音乐在情绪营造和氛围带动方面的作用不容小觑。决定视频号内容能否成为爆款的关键因素除了画面，还有背景音乐。有时候即使故事本身没有那么好，若背景音乐运用得当，也会有1+1>2的效果。不同类别的视频号体现的主题内容和想要表达的感情是不同的，采用的背景音乐类型自然也不同，但是选择背景音乐时遵循的准则是一样的：背景音乐的类型要与具体内容的特点、感情特性保持一致。在李子柒的视频号内容中，选择的背景音乐类型主要是旋律优美的轻音乐，且声音不会太大，与画面中的流水声、狗叫声、切菜声淡淡交织在一起，使得整个画面更加和谐。同样是特色美食类的视频号，"贫穷料理"的风格则和李子柒完全不同，他的特点是搞怪、逗趣，所以背景音乐也相应是一些曲风活泼、节奏感鲜明的音乐。在他的视频号内容中，背景音乐不但是点缀和衬托，还带动了短视频的整体节奏。关闭声音，画面看上去也仿佛失去了原本的灵魂。

3）味：趣味丰富。短内容产品具有轻松、活泼、直观、生动、有趣等特点，视频号在传播信息方面比单纯的文字和图片的维度更丰富，越来越多的组织和个人选择短视频的方式与用户建立连接、保持互动，让用户在轻松活泼的氛围下有所收获。因此，趣味性就成了视频号产品必不可少的重要因素，哪怕是对知识类、技能类和时政类的视频号来说，那些充满趣味的内容也比单调乏味的内容更容易获得较高的点击量。

4）道：娓娓道来。这个"娓娓道来"的要素就是视频号内容的文案。尽管视频号的推荐机制不同于其他短视频平台，但机器推荐仍然是影响视频号阅读量的重要因素，机器很难在视频内容中获取到相关的有效信息，最直接的途径就是通过视频号的文案、描述、标签、分类等信息来判断该内容是否值得推荐。因此，千万不要认为视频号内容中的文案只是绿叶，有时一句好文案完全能把一条视频号内容推上热门。视频号的影像内容下方有 1000 字的文案容量，这给了创作者巨大的发挥空间。

视频号内容创作的基本原则

在对视频号内容进行策划和创作的时候，可以借鉴以下基本原则，虽然不一定在一则视频号内容中坚持所有原则，但组合使用其中的几个原则，一定会提升视频号内容的质量和流量。

1. 新：创意性。视频号内容的创意性是影响用户点击、观看、评论、转发的一大关键因素，也是策划的首要原则。

2. 喜：幽默性。能让用户笑出来的视频号内容，就能让用户记住、喜欢甚至追捧，这一原则已经成为短视频领域的共识，这里不再赘述。

3. 正：能量性。正能量的内容往往能激发用户的正向情感和行为，并能够获得更广泛的点赞和转发，例如人民日报的视频号内容，充满了正能量，获得了很好的数据表现。因为几乎很少用户喜欢转发负能量的短视频。

4. 短：精简性。视频号内容的节奏要快，策划的过程中要删减掉多余的内容，在几分钟甚至几十秒内呈现丰富的内容。从推荐算法的角度来看，时间短的视频往往播完率高，高播完率会带来更多的推荐量及观看量。

5. 事：故事性。用户喜欢听故事、看故事，要做出优质的视频号内容，既需要素材生动、有内涵，也需要精心构思、剪辑，把好故事讲好，通过故事向用户传递信息、情感、思想。

6. 奇：猎奇性。通过寻找、探索新奇事物来满足人们的好奇心，用户喜欢通过视频号去了解他人、了解世界，去体验一些自己不曾听过、见过、经历过的人、事、物，并从中获得一定的满足感。

7. **情**：情感性。不管是暖心的、忧伤的、快乐的、轻松的……情感都是用户关注度非常高的内容。

8. **热**：时效性。追热点是提高点击率最直接且最有效的方式。在特殊的时间节点或者某个热点事件刚发生后，相关的视频往往容易瞬间被引爆，从而达到扩大影响力的效果。

9. **用**：实用性。短视频行业已经过了单纯追求娱乐搞笑的阶段，对内容本身的功能和价值要求越来越高，那些能够为用户提供实用性知识和技能的视频号内容正在受到越来越多的青睐。例如视频号"秋叶 Excel 表哥"将专业晦涩的 Excel 技巧通过生动有趣的短视频进行解析，简单易学，知识性和实操性非常强。

视频号内容策划与创作的方法

视频号内容策划与创作的方法很多，本书列举以下四种方法，主要涉及整体、结构、节奏和细节几大方面。

1. **头脑风暴法**。这一方法是由美国 BBDO 广告公司的奥斯本首创的，主要是指创意策划人员在正常融洽且不受任何限制的气氛中，以会议形式进行讨论、座谈，大家打破常规，积极思考，畅所欲言，充分发表看法。头脑风暴的精髓在于允许各种天马行空的想法不断涌现并集合众人智慧对其进行完善。爆款视频号内容的持续输出都是建立在团队充分发散各自思维的基础之上的，只有用可以复制的头脑风暴法进行策划和创意，才能避免"碰运气""买彩票"式的视频号产品创作模式。可以说，头脑风暴法是视频号产品策划与创作的基础方法。

2. **故事模型法**。视频号作品创作的主要任务是内容策划，内容的主要形态是故事，故事的主要部分是结构，因此掌握合理的故事结构模型至关重要。无论是一部120分钟的影片故事，还是一个只有15秒的视频号故事，其基本结构模型是类似的。这里推荐两类结构：一类是三幕剧结构，另一类是四步走结构。三幕剧结构的基本逻辑就是"1.开头→2.危机→3.高潮"，三个部分相互连贯，形成一个完整的小故事，视频号作品恰恰就因为其时间短，所以可以用这种模式，将视频号内容的策划分为开场策划、高潮策划和收尾策划。四步走结构就是通常说的起、承、转、合，它又可以有"1.目标→2.阻碍→3.努力→4.结果"或"1.目标→2.意外→3.转折→4.结局"等不同类型，创作视频号内容时可以利用头脑风暴法针对模型中的各个环节或步骤进行详细的策划。

3. **节奏掌控法**。人的短时记忆保持时间在无复述的情况下通常只有5~20秒，最长也不超过1分钟。为了更好地掌控视频号内容的节奏，可以参考"1-3-5-9"注意力吸引策略。"1"的意思是短视频的第1秒要凸显特色，这是注意力的定格阶段，需要给用户一个点开或驻足观看的理由。"3"的意思是短视频要在3秒内完成开篇点题任务，内容表达上要更加明确，用户在观看时会自行判定是否要继续看下去。"5"的意思是黄金5秒或爆点5秒，也就是要将劲爆的内容在前5秒时间内进行集中放送，如果在播放到第5秒的时候还不能留住用户，那么这则视频号内容基本就可以宣告失败了。反转剧情是黄金5秒中用得最多的策划手法，异乎寻常的剧情反转多数情况下能让人立刻沉浸，并期待后面会再次出现惊喜。"9"的意思是在第9秒的时候用户注意力开始分散，这时候的视频号内容应该引导用户，引导他们干什么？留言、关注、转发、点击下一个、购买链接中的产品等。当然，这种"1-3-5-9"的策划方法主要还是针对时长在15秒以内的短内容而言的，对于30秒、60秒乃至数分钟的短内容，也可以大致按照类似的方式进行策划和创作，只不过要根据视频的总时长而适当调整各个动作的时间节点和推进节奏。

4. **场景分解法**。通常情况下，1 秒钟的视频包含 24~25 帧画面，根据正常人眼能承受的极限来计算，15 秒钟最多有 360 个画面，而根据人类接收声画信息的处理反应来看，15 秒钟最多能有 200~250 个画面。前面已经讲了整体策划、结构策划和节奏策划，场景分解则是强调针对每一个具体场景乃至具体场景下的某一个具体画面的策划和创意。大体而言，15 秒的视频内容可以被划分为 7 个以内的场景，每个场景包含 20~30 个画面，将它们以蒙太奇的方式组合在一起就构成了故事情节和推进节奏。场景分解法就是要将每个场景和每个画面详细分解开来，对其中要呈现的画面、音乐、趣味和文案进行充分的策划。同样的，30 秒、60 秒的短内容也可以运用这种方法进行细节的策划和创作。

第 5 章

视频的拍摄与制作

5.1 视频拍摄前的准备

拍摄团队的准备

要进行视频拍摄，组建一个高效、负责的团队是非常重要的，这是我们在制作视频号内容时首先要解决的问题。在拍摄团队中，根据不同的分工，大致可分为策划、场务、拍摄及后期制作几种工作岗位。我们要根据这几种工作岗位来组建团队，然后进行拍摄任务的分配。至于拍摄团队的规模，则要根据拍摄的短视频内容来确定。如果拍摄内容较复杂，则需要较多的人员来参与。

以下是几种工作岗位主要负责的内容。

1. **策划**：类似导演和编导，负责拍摄中的内容策划、过程指导工作。对视频号内容整体进行统筹规划，在拍摄团队中发挥核心作用。

2. **场务**：主要负责拍摄过程中的场地规划及服装道具的准备工作。在拍摄过程中进行配合，维持现场的环境。

3. **拍摄**：负责视频号内容的拍摄和与拍摄相关的工作。

4. **后期制作**：负责视频号内容的后期剪辑、包装等工作。后期制作非常重要，需要时刻和策划、场务、拍摄保持紧密的联系，以做出理想的效果。

故事脚本的准备

故事脚本是整个视频号内容的灵魂。一个完整的脚本包括开端、发展、高潮和结尾四个部分。视频号内容成功与否取决于内容是否吸引观众。一个高质量的脚本能在很大程度上引发观众的共鸣，吸引观众的关注。因此，在撰写脚本之前，我们需要确定整体的拍摄思路和拍摄流程，并从以下几个方面进行准备。

1. 选题类型

选题类型就是我们要拍什么类型的短视频，美妆类？生活类？情感类？还是测评类？这是我们在拍摄前期要考虑清楚的。不同的选题类型，脚本差别也是比较大的。

2. 主题思想

主题思想是短视频创作者向观众传达的"价值观"，就像文章的中心思想一样，通常体现在脚本中。好的主题能够直击观众内心，引发观众的广泛讨论，让观众产生共鸣。

3. 角色设定

在准备脚本时，我们要对视频中人物的角色进行定位，设定人物的生活背景、性格及台词。通过刻画人物性格，来为人物打上标签。例如在"朱一旦的枯燥生活"视频号中，短视频人物"朱一旦"的"战术内八""劳力士""非洲"等标签通常能给观众留下较为深刻的印象。

4. 故事线索

故事线索始终贯穿视频的整个过程，通过故事线索引出故事或者人物。故事线索有推动情节发展的作用。

5. 环境要素

环境要素就是我们在拍摄视频时，环境、节奏、氛围、配乐等一系列要素的统称。我们在准备故事脚本时要把这些因素考虑在内。

演员及服装、化妆、道具的准备

视频号内容的拍摄与传统的影视拍摄不同，其演员大多不是专业演员。所以我们要根据脚本设定来选择演员。演员和角色定位要契合，演员的颜值虽然会发挥一定的作用，但是不能一味追求"颜值至上"。如果是搞笑类短视频，那么就需要找一个能够放得开的演员；如果是美妆类短视频，那么就需要找一个对美妆足够熟悉的演员。对于一个成功的视频号作品来说，演员与内容契合比演员的颜值更加重要。

要做出好的视频号作品，道具是不可缺少的。根据其不同的作用，道具可分为场景道具和表演道具。场景道具是我们在布置场景时需要的，比如，如果我们的故事剧情发生在办公室，那么电脑、办公桌这些就是场景道具。另一种是表演道具，表演道具是我们在拍摄过程中不断使用到的道具。例如，要扮演一个老人，那么假发和拐杖就是我们的表演道具。

在拍摄中，服装也很重要，服装既要有辨识度，又要符合短视频中的人设。比如，看到西装、衬衫，我们就能联想到职场人士。不过，随着短视频的拍摄场景越来越生活化、日常化，对于演员的服装没有太过严格的要求。在演员、服装、道具准备好之后，演员需要进行化妆。根据剧情需要，比如被打之后的淤青或者一些夸张的妆容，这些都是需要根据脚本设定来进行准备的。

拍摄场地与拍摄设备的准备

在选择拍摄场地时，我们首先要确定的是拍摄场地设置在室内还是在户外。如果场地设置在室内，那么我们就要根据视频号脚本来搭建摄影棚，确定拍摄风格。我们要构建场景，准备能衬托环境的背景布和道具。在室内布置拍摄场地比较容易把控，而且拍摄过程不易受外界环境影响，室内拍摄场地示例如图 5-1 所示。

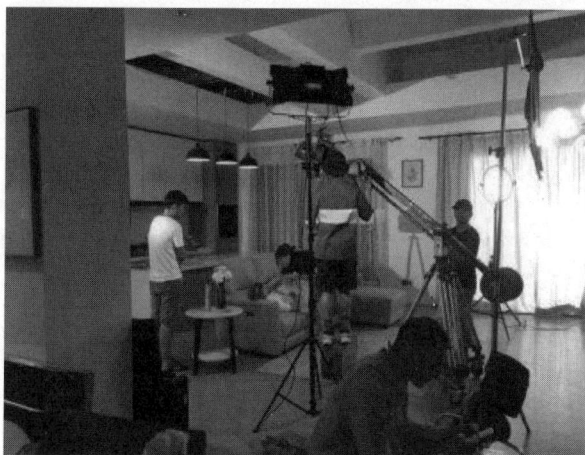

图 5-1　室内拍摄场地示例

如果拍摄场地在室外，我们寻找与故事脚本相契合的场地进行拍摄即可。不需要太过复杂的布置，但是在室外拍摄时受到外部因素影响的风险会大大增加，如天气、户外光线、场外人物等，可能都会影响拍摄，不易把控整个拍摄过程。

确定完拍摄场地，我们就需要选择拍摄设备。摄像机、灯光设备、收音设备、三脚架等都是拍摄中必不可少的。除了这些，我们还要根据实际需要选择其他拍摄设备，如稳定器、滑轨、监视器等。在拍摄之前，我们要对摄像机的电池、储存卡、收音设备等进行检查，并准备好备用设备和备用电池，以免遇到突发情况。在户外拍摄时，尽量挑选轻便、续航时间长、收音效果好的拍摄设备，最大限度地减少外部环境对拍摄过程的影响。

5.2 短视频拍摄与制作的器材

在视频号内容创作中，拍摄设备通常是我们首先需要考虑的问题。我们一般会从拍摄需求和设备的功能、价格等方面去进行选择。不同的拍摄设备在画面效果、使用难度、价格等方面具有较大的差异。

专业摄像机

专业摄像机一般指的是摄、录、放一体机，分为 DVCAM 和 DVCPRO 两种类型。摄像机是一种专业化的拍摄设备，被广泛运用于新闻行业和活动记录。专业摄像机通常配备 28~600mm 的变焦镜头。镜头的最大光圈能达到 F1.7 左右。专业摄像机能拍摄 4K 画质（个别摄像机能更高），画面清晰流畅。另外，专业摄像机具有传输速度快、存储效率高等特点，可连续不间断拍摄 2 小时以上。

专业摄像机功能较为齐全，能够根据不同需求对光圈、快门、感光度、色调、白平衡、变焦等多个参数进行调节，且方便后期剪辑调整，图 5-2 所示的是两款不同的专业摄像机。专业摄像机防抖能力强，方便手持，功能较为强大，适合拍摄室内和户外场景，适用于采访式、记录式、课程式的视频。专业摄像机对于工作室、公司等对视频质量要求较高的机构是较为合适的。

图 5-2　两款不同的专业摄像机

但是专业摄像机价格较贵，摄像机本身也比较重（一般机身在 5 千克左右），对于入门者来说，操作也相对复杂。此外，专业摄像机的感光元件体积不大，很难在非长焦焦段虚化背景，所以使用专业摄像机拍摄在创意画面的实现上有一定的难度。

专业相机

专业相机就是我们通常所说的照相机，是一种利用光学成像原理形成影像并使用底片记录影像的设备。早期的相机结构较为简单，无法满足多样化的需求；而现代相机已经成为一种结合光学、精密机械、电子技术和化学技术的复杂产品，能够满足我们日常拍摄的要求。

专业相机的感光元件尺寸大，成像效果好，能够实现由浅入深的景深画面。相机也可以配置不同光圈、不同焦段的镜头。专业相机功能齐全，如图 5-3 所示，可以调节拍摄模式及光圈、快门、感光度等参数。跟专业摄像机相比，专业相机体积适中，使用起来灵活方便，适合拍摄微电影类、场景剧类、Vlog、测评类短视频。市场上主要有佳能（Canon）、索尼（SONY）、尼康（Nikon）三种较为热门的相机品牌。

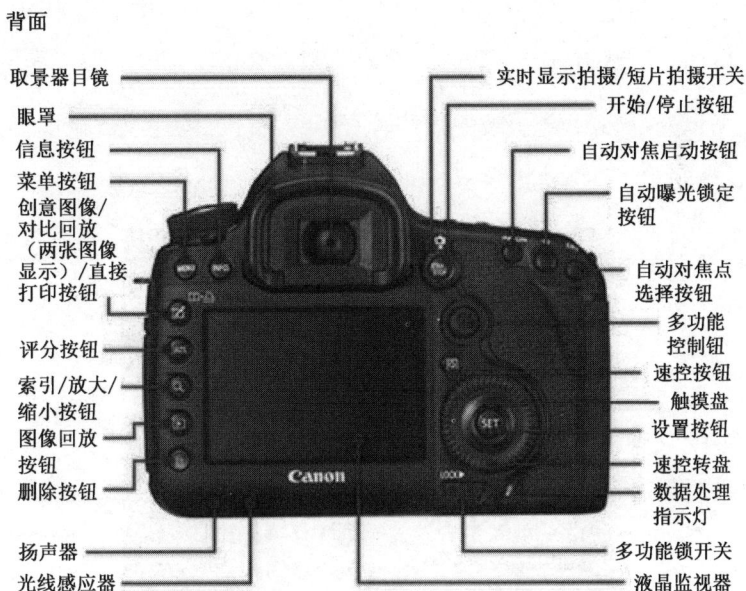

背面

取景器目镜
眼罩
信息按钮
菜单按钮
创意图像/
对比回放
（两张图像
显示）/直接
打印按钮

评分按钮
索引/放大/
缩小按钮
图像回放
按钮
删除按钮

扬声器
光线感应器

实时显示拍摄/短片拍摄开关
开始/停止按钮
自动对焦启动按钮
自动曝光锁定
按钮

自动对焦点
选择按钮
多功能
控制钮
速控按钮
触摸盘
设置按钮
速控转盘
数据处理
指示灯
多功能锁开关
液晶监视器

图 5-3　功能齐全的专业相机

但是用相机拍摄短视频也有一些劣势，相机的对焦能力和追焦能力较弱，需要手动进行调节，对于入门者来说有一定的难度。另外，专业相机的防抖能力较弱，在拍摄过程中稳定性较差，需要用三脚架、稳定器来进行辅助拍摄。专业相机的视频录制功能也不及专业摄像机，无法长时间录制视频（一般有 30 分钟的录制时间限制），长时间录制会出现机身过热的情况。

手机

如果之前对摄像机和相机没有了解，那么在拍摄初期，若对画质没有过高的要求，用一部手机就能实现短视频的拍摄。与专业设备相比，手机具有容易上手、方便快捷、便于携带和价格较低的优势。而且随着技术的发展，现在的手机功能也越来越强大。一些手机已经具备延时摄影、慢动作等功能。图 5-4 所示的是 2018 年上映的短片《三分钟》，这是陈可辛导演用 iPhone X进行拍摄的。

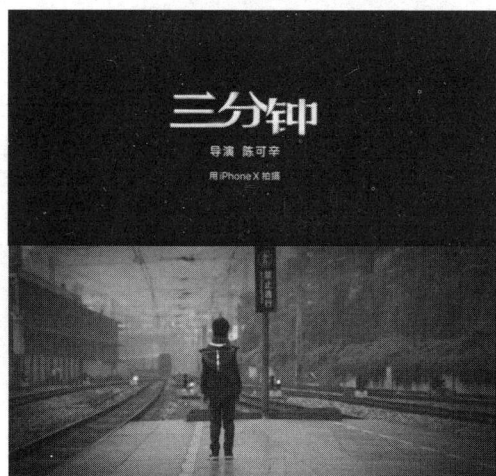

图 5-4 陈可辛导演拍摄的短片《三分钟》

现在市面上华为、OPPO、小米、苹果等品牌的手机，拍照、摄像功能十分强大，能够在很大程度上满足用手机拍摄短视频的需求，尤其适合拍摄自娱自乐型的短视频和记录型的短视频。手机是目前视频拍摄中比较受欢迎的拍摄设备。除了手机的原相机，包括视频号在内，很多短视频 App 都带有短视频拍摄功能，而且部分短视频 App 还有美颜、滤镜、人像美化等功能。尤其是拍摄风景和人像时，手机能达到非常不错的拍摄效果。

在手机的选择上，我们可以从手机像素、价格等多个因素来考虑。DXOMARK 是一个专门对相机和镜头进行测评的机构，可以为我们提供足够多的信息。图 5-5 是 DXOMARK 机构对手机相机的评测及手机相机的排名。

图 5-5　DXOMARK 机构对手机相机的评测及手机相机的排名

在用手机拍摄视频号内容时，由于设备自身的限制，也存在一些"硬伤"。首先是手机的传感器尺寸较小，传感器尺寸与拍摄的画质密切相关。这也是手机拍摄画质较差的原因，画质差主要表现为动态范围低或者高感光度（ISO）表现不佳。动态范围低会使得拍摄逆光场景时环境与主体出现较大的反差，而高感光度表现不佳会导致拍摄夜景时噪点较大。虽然噪点问题也会在摄像机和相机上出现，但是对手机拍摄的影响更加明显，会直接影响拍摄的画面。其次是手机在变焦方面与摄像机、相机有较大的差距，变焦体验较差。

灯光和反光板

在拍摄视频号内容的过程中，为保证画面的亮度和质感，我们一般会采用灯光设备来进行打光。在室内或者户外光线不足的情况下，灯光对画面的质量影响较大。对于灯光设备，我们也要按照实际需求来进行选择。如果是团队拍摄，那么最好选择一款专业的灯光设备，如图 5-6 所示。这种设备一般配合专业摄像机或专业相机来进行使用。

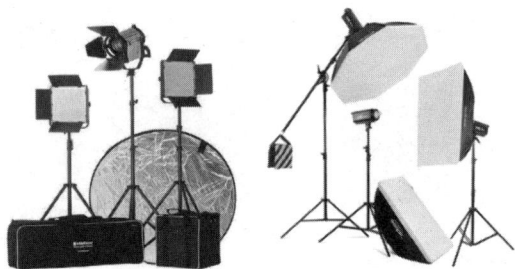

图 5-6　专业的灯光设备

如果是个人拍摄且预算不多，方便灵活的手机补光灯或便携式补光灯也是不错的选择，如图 5-7 所示。手机补光灯侧重于人像美颜，通常在直播或者拍摄人像时会用到；便携式补光灯使用灵活方便，能够兼容手机、相机等设备。

图 5-7　方便灵活的补光设备

反光板是拍摄中使用得较多的辅助设备。反光板主要有方形、椭圆形、圆形等几种形状。如图 5-8 所示，每个反光板都有银色（金色）和黑色两面，主要有补光和减光两个作用。当光线不足时，银色（金色）面可以增加拍摄主体的曝光程度；当光线过强时，黑色面可以进行"减光"。在拍摄人物时，反光板的作用尤为重要。

图 5-8　反光板

收音设备

在视频号内容的拍摄中，声音同样扮演着很重要的角色。所以，拍摄视频号内容时我们要做好视频收音工作。根据不同的拍摄场景和拍摄设备，我们使用的收音设备也有较大的差别。

1. 线控耳机

耳机是我们拍摄短视频时使用较为频繁的一种收音设备，线控耳机如图5-9 所示，通常和手机搭配来拍摄视频号内容，可用于简单的个人拍摄。使用耳机进行收音，成本较低，而且非常方便，适用于对音频质量要求不是很高的情况。需要注意的是，使用耳机收音时，应尽量在安静的环境下进行，降低外界噪声干扰。

图 5-9　线控耳机

2. 录音笔

录音笔小巧轻便，方便携带。录音笔能够实现高清录音，非常适合短视频的拍摄。而且，目前市场上的一些录音笔支持声音转文字，大大方便了后期字幕的添加工作。

3. 外接麦克风

外接麦克风是一种较为专业的收音设备，如图 5-10 所示，有手机外接麦克风、相机外接麦克风和摄像机外接麦克风几种。外接麦克风收音效果好于录音笔和线控耳机，能够实现音画同步。市面上外接麦克风的品牌和种类繁多，我们可根据自己的拍摄需求选择合适的麦克风。

图 5-10　外接麦克风

4. 无线麦克风

无线麦克风，也称无线话筒，是传输声音信号的音响器材，由发射机和接收机两大部分组成，如图 5-11 所示。无线麦克风能够实现无线音频传输。在使用时，带有麦克风的发射机靠近声音附近，用接收机连接拍摄设备。

图 5-11　无线麦克风

用于后期制作的电脑设备

在用于后期制作的电脑设备方面，台式电脑运行更加顺畅，笔记本电脑更加方便。如果场所固定的话，比如在个人工作室、公司、摄影棚等场所，推荐使用台式电脑；如果经常外出拍摄，笔记本电脑则是更好的选择。现在市面上两款主流的操作系统分别是 Windows 和 iOS。两款操作系统都能够满足我们的拍摄需求，Windows 适配性强，iOS 简洁、流畅。因此，可以根据预算和喜好来选择操作系统。

此外，我们还需要考虑电脑的配置。在视频号内容的后期制作中，我们通常会用到 PR、AE、Final cut pro 这几款常用的后期制作软件，这也对电脑配置提出了更高的要求。我们可以根据电脑的中央处理器（CPU）和内存这两个主要的指标来进行选择。

对于中央处理器来说，选择高频、多核的处理器是十分必要的。在剪辑过程中，PR 的运行主要与处理器的核心数量有关，AE 则更加依赖单核的性能。核心数量越多，单核的主频越高，软件的运行速度就越快。所以最好选择八核及八核以上的中央处理器。内存方面，PR 和 AE 这两款后期制作软件占用内存较多，尤其在导入文件和对工程文件进行预览时，如果电脑内存较小的话，容易出现电脑卡顿、软件使用期间意外退出的状况，所以在选择电脑内存的时候，最好选择 8G 或者 16G，这样才能保证剪辑的流畅性。

辅助设备

1. 三脚架

三脚架是我们拍摄时经常用到的设备，如图 5-12 所示，主要用于一些固定机位、大的场景的拍摄。三脚架的主要作用是稳定拍摄设备，并实现镜头的推、拉、升、降等操作。三脚架根据不同材质，可以分为碳纤维三脚架、合金三脚架和钢制三脚架等。不同材质的三脚架在价格、稳定性、适用场所方面有所不同。

在户外拍摄时，我们会倾向选择轻巧方便的三脚架，这种三脚架通常是碳纤维材质。碳纤维材质的三脚架具有体积小、稳定性好、坚固耐用的特质，方便携带。但是这种三脚架价格昂贵，售价大概为 500~1000 元，有的还会在 1000 元以上。如果需要经常外出拍摄短视频，预算又比较充足的话，碳纤维材质的三脚架是不错的选择。

图 5-12　三脚架

合金三脚架比碳纤维三脚架重一些，不够轻便，但是价格比较便宜，也足够坚固耐用。如果预算不足的话，也是可以考虑入手的。

如果拍摄场所在室内，并且位置也比较固定，那么应首先考虑钢制三脚架。钢制三脚架较为沉重，比较坚固，稳定性也好。此外，钢制三脚架价格十分便宜，对于室内棚拍来说具有很高的性价比。

除了常规的三脚架，还有便携式的八爪鱼三脚架和壁虎支架，如图 5-13 所示。这种支架的特点就是能够弯曲折叠，可以固定在某个位置进行拍摄。例如，可以固定在树枝上、铁丝网上，用来拍摄一些特殊的镜头。

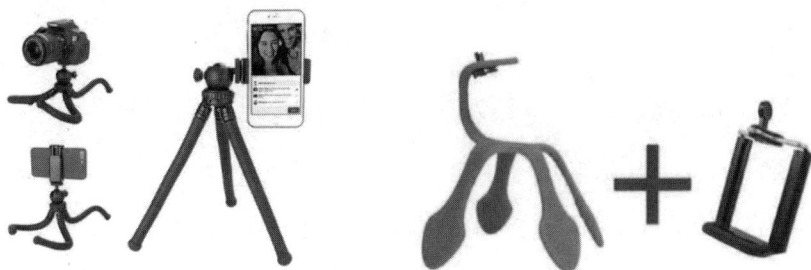

图 5-13　八爪鱼三脚架和壁虎支架

2. 稳定器

手持设备在移动状态拍摄时容易出现画面抖动、不稳定的状况，尤其是手机和相机这种体积相对小的设备。所以，我们要使用稳定器来进行辅助，稳定器主要分为相机稳定器和手机稳定器，如图 5-14 所示。相机稳定器与手机稳定器在用途上相似，但在体积、价格方面有较大的差别。在选择稳定器时，无论是相机稳定器还是手机稳定器，我们都要从品牌、性价比、适用程度、重量等方面来进行考虑，主要把握好以下几个原则。

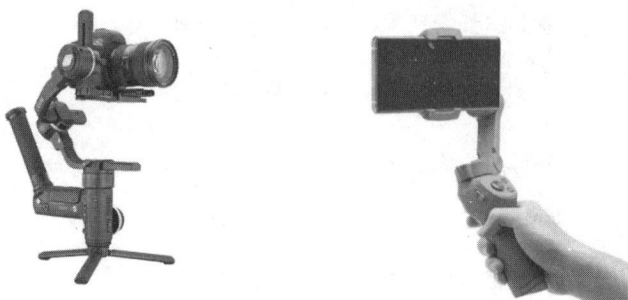

图 5-14　相机稳定器和手机稳定器

1）**品牌要好**。好的品牌意味着更好的品质和更卓越的性能。大疆、智云这两个品牌的稳定器是目前比较受欢迎的，尤其是大疆的灵眸系列，较受消费者青睐。

2）**性价比要高**。稳定器作为一个辅助设备，价格过高的话会大大影响用户的体验。市面上手机稳定器售价通常为 600~1000 元，相机稳定器为 2000 元到上万元不等。选用哪种稳定器要根据我们的预算和拍摄需求来定。

3）**用着舒服**。我们选择稳定器时要考虑稳定器是否与设备适配、手感是否舒适。以相机稳定器为例，如果相机机身和镜头过重，则稳定器容易出现抖动的现象，这样不但起不到稳定的效果，画面也会大打折扣。还有一点就是稳定器使用时的手感要好。

4）**重量要轻**。拍摄短视频时，我们经常会遇到需要长时间举持稳定器的情况。此时，稳定器的重量加上设备的重量会使我们出现手腕酸胀、手臂无力的情况。所以要选择轻巧、便携的稳定器来减少整体的重量。

3. 背景布

在视频号内容拍摄中，背景会对整体的画面形象造成很大的影响。因为背景往往会在画面中占据较大的比例，杂乱不堪的背景会影响画面的美感，用户的停留时长可能会因此大大缩短，认可度也会相应降低。如果拍摄的画面取的是外景，一个简单干净的背景会提升画面的整体格调。

如果在室内拍摄，比较经济实用的方法就是使用背景布，如图 5-15 所示，可根据视频的风格进行背景布的选择。背景布价格低廉，使用起来简单便捷，很适合用来装饰我们的视频号画面。

图 5-15　背景布

4. 自拍杆

自拍杆能够延伸我们的拍摄范围，也是一款性价比极高的拍摄辅助工具。自拍杆价格便宜，操作简单，包括手持自拍杆和支架自拍杆两种，手持自拍杆一般比较常见。手持自拍杆有线控和蓝牙控制两种类型，而支架自拍杆只能使用蓝牙进行控制。与手持自拍杆相比，支架自拍杆不需要手持，支持远距离的拍摄（蓝牙控制范围内），但是价格也更高一些。

5.3 短视频拍摄过程的把控

拍摄过程中的要求

拍摄视频号内容的时候，我们要注意拍摄主体、拍摄陪体、拍摄时间和拍摄环境的选择。

1. 拍摄主体

拍摄主体是视频号内容中的主体对象，也是呈现主题思想的主要载体。如果视频中拍摄主体展现得不够清晰、明确，那么视频号的主题思想就不能被准确地表达出来。所以在拍摄时，我们要把拍摄主体放在画面的突出位置，直接展现拍摄主体。图 5-16 中，圆圈内即是拍摄主体。

2. 拍摄陪体

拍摄陪体的主要作用是衬托拍摄主体，此外还能够使画面更加有层次感，突出视频内容所要表达的主题。在视频号内容中，拍摄陪体的作用虽然不及拍摄主体，但往往也是画面中不可或缺的部分。图5-17中方框内的树林就是拍摄陪体。

图 5-16　拍摄主体

图 5-17　拍摄陪体

3. 拍摄时间

拍摄视频号内容时，拍摄时间要与故事脚本中的时间设定相契合，比如选择日出还是日落、冬季还是夏季。不同的时间段拍摄的效果也有所差别，这些都是我们在拍摄过程中需要考虑的。

4. 拍摄环境

拍摄环境的涵盖范围很广，拍摄环境与拍摄陪体的作用相似，也是为了突出拍摄主体。但是拍摄环境更加强调营造氛围，一方面对拍摄主体起到说明的作用，另一方面加深观众对视频号内容的了解。

视频拍摄画幅的选择

在拍摄视频号内容的过程中，我们要根据拍摄对象、拍摄环境及视频的主题思想来选择不同的画幅。画幅是视频内容的视觉呈现方式，也影响着观众的观感。选择一个合适的拍摄画幅，是我们需要认真考虑的事情。从宏观角度来说，最常见的就是横画幅和竖画幅视频。另外，根据画面比例的不同，横画幅又有 4：3、16：9 的差别。

横画幅符合我们传统的观看习惯，画面内容呈现出水平延伸的特点，会给人一种舒适、平和的感觉。横画幅可以装下丰富的内容，适合拍摄旅游类、美食类、剧情类短视频。

竖画幅是很多短视频平台上比较热门的一种画幅，竖屏拍摄操作简单，非常适合拍摄人物类短视频。竖画幅会使得被拍摄主体显得高大、纤细。目前视频号支持的最大竖屏尺寸比例是 6：7，分辨率为 1080 像素×1260 像素。

视频常用的构图手法

构图是一个造型艺术术语，即绘画时根据题材和主题思想的要求，把要表现的形象适当地组织起来，构成一个协调、完整的画面。良好的构图是拍好视频的基础，要对画面中的内容有所取舍，突出主体。常用的构图方法大致有以下八种。

1. 水平线构图

水平线构图是一种最基本的构图方法。画面沿水平线条分布，会传达出一种稳定、和谐、宽广的感觉。水平线构图在短视频拍摄中较为常用，适用于拍摄草原或水面等自然风景，如图 5-18 所示。

图 5-18　水平线构图

2. 垂直线构图

垂直线构图是沿垂直线条来进构图，凸显被摄主体的高大。使用垂直线构图能表现出一种垂直方向上的张力，如图 5-19 所示，营造出纵深感，非常适合用来拍摄竖屏短视频。

图 5-19　垂直线构图

3. 九宫格构图

九宫格构图是视频拍摄中一种比较重要的构图方法。不仅是视频，我们在拍照时也经常使用这种方法。九宫格构图通过横向两条、纵向两条共四条分割线将画面进行分割。使用九宫格构图法拍摄出来的画面符合观众的视觉审美，如图 5-20 所示。

图 5-20　九宫格构图

4. 对角线构图

对角线构图是被摄主体沿画面对角线分布，如图 5-21 所示。与水平线构图相反，对角线构图给人一种强烈的动感，常用来拍摄运动的物体，如正在

图 5-21　对角线构图

运行的列车。对角线构图具有很强的视觉冲击力。在视频拍摄中，对角线构图这种构图方法一般用在特定的场景当中。

5. 中心式构图

中心式构图就是将被摄对象放在画面中心，突出被摄对象的主体地位，如图 5-22 所示。中心式构图能让观众一眼看到画面中的重点，将注意力集中在被拍摄对象上。在使用中心式构图时要尽量保持背景干净整洁。

图 5-22　中心式构图

6. 对称式构图

对称式构图是按照某一对称轴或者对称中心，使得画面内容沿对称轴或对称中心对称，如图 5-23 所示。这种构图手法给人一种沉稳、安逸的感觉。对称式构图适合用慢节奏的镜头去表现，通常被用来拍人文景观。

7. 框架式构图

在拍摄短视频时，选取框架进行构图就是我们常说的框架式构图，如图 5-24 所示。选取门框、树杈、窗户等框架式前景，能将观众的视线引向框架内的景象，营造一种神秘的氛围。这种构图方法能将被摄主体与风景融为一体，具有较强的视觉冲击性。

图 5-23　对称式构图

图 5-24　框架式构图

8. 前景构图

前景构图是利用被拍摄主体前面的景物来进行构图的一种构图方式，如图 5-25 所示。前景构图能够增加画面的层次感、纵深感，不仅能够丰富画面内容，还能更好地展现被拍摄主体。

图 5-25　前景构图

短视频拍摄的几种景别

在拍摄短视频的过程中，由于拍摄设备和被摄主体距离的差别，使得被摄主体在画面中所呈现的比例有所区别，我们通常称之为景别。景别由近到远可分为特写、近景、中景、全景和远景。

1. 特写

特写的拍摄范围一般是在人体肩部以上，着重拍摄人物的面部特征及表情变化，如图 5-26 所示。特写能让观众产生接近感，传达画面中人物的内心活动。另外，还可通过面部五官的拍摄来推动故事情节发展、衬托故事氛围。

图 5-26　特写

2. 近景

近景的拍摄范围在人体胸部以上，也主要是拍摄人的表情，如图 5-27 所示。近景产生的接近感在刻画人物性格方面具有重要的作用。

图 5-27　近景

3. 中景

中景的拍摄范围在人体膝部以上。中景能够详细地表现故事的情节、人物的动作和精神面貌，如图 5-28 所示。使用中景拍摄能够很好地在复杂的拍摄环境中捕捉拍摄主体。

图 5-28　中景

4. 全景

全景主要是用来展现人体的全部或周围的部分环境，如图 5-29 所示。使用全景拍摄可以把人物的穿着、动作，以及周围的环境展现出来。

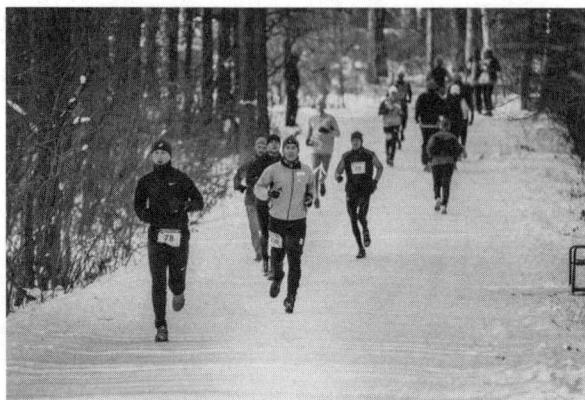

图 5-29　全景

5. 远景

远景的主要拍摄范围是被摄主体所处的环境，用于大场景的展示，如图 5-30 所示。比如使用无人机来拍摄风光、建筑物等。

图 5-30　远景

视频号内容的拍摄技巧

每一个完整的视频号作品都是由一个或者多个镜头组合设计而成的。镜头的拍摄手法直接关系到视频号作品的整体效果。视频号内容拍摄包括固定机位拍摄和运镜拍摄两种方式。固定机位拍摄就是摄像机静止不动的拍摄方法，这种拍摄方法比较简单。使用固定机位拍摄一般需要使用三脚架或者其他稳定设备来进行辅助拍摄。

另外一种就是运镜拍摄，运镜拍摄的镜头设计比较丰富，非常适合拍摄剧情类、特效类的视频号内容。运镜拍摄中最常见的拍摄手法包括推、拉、摇、移、跟、甩、晃、旋转、升降镜头等。

1. 推镜头

推镜头是拍摄中比较常用的一种手法，它主要通过摄像机前移或变焦，逐渐靠近被拍摄对象，使人感觉一步一步走近要观察的事物，近距离观看该事物。推镜头可以表现同一个对象从远到近的变化，也可以表现一个对象到另一个对象的变化。使用推镜头，能够实现从整体到局部的变化。推镜头主要突出要拍摄的对象的某个部位，通过突出局部来凸显对象的细节变化。这种手法的运用目的是突出重点，舍弃画面中多余的东西。

2. 拉镜头

拉镜头与推镜头正好相反，是通过摄像机后移或变焦来逐渐远离要表现的主体对象，使人感觉正一步一步远离要观察的事物，远距离观看该事物的整体效果。它可以表现同一个对象从近到远的变化，也可以表现一个对象到另一个对象的变化。这种手法的应用，主要是为了突出被拍摄对象整体的效果。

3. 摇镜头

摇镜头也称为摇拍，在拍摄时相机不动，摇动镜头作左右、上下移动或旋转等。使人感觉从对象的一个部位到另一个部位逐渐观看。摇镜头可以用来表现事物的逐渐呈现，通过一个又一个的画面，从渐入镜头到渐出镜头来完善整个事物。

4. 移镜头

移镜头也叫移动拍摄，它是将摄像机固定在移动的物体上，通过摄像机各个方向的移动来拍摄不动的物体，使不动的物体产生运动效果。移镜头能将一些拍摄对象连贯起来加以表现，形成动态效果影像，使主题逐渐明确。采用移镜头手法拍摄时一般要使用稳定器来消除运动状态下产生的抖动。

5. 跟镜头

跟镜头也称为跟拍，在拍摄过程中找到跟拍对象，然后跟随对象进行拍摄。采用跟镜头手法拍摄时一般要使表现的对象在画面中的位置保持不变，只是他所走过的画面有所变化。跟镜头可以很好地突出主体，表现主体的运动速度、方向及体态等信息，给人一种身临其境的感觉。跟镜头通常配合稳定器的全锁定模式使用，以保证移动时方向一致，且画面更加平稳。

6. 甩镜头

甩镜头是摇动镜头，使其极快地转移到另一个景物，从而将画面切换到另一个内容，切换瞬间会产生一片模糊的效果，这种拍摄手法可以表现内容的突然过渡，常用于短视频的转场。

7. 晃镜头

晃镜头的使用相对于前面的几种方式要少一些，它主要应用在特定的环境中，让画面产生上下、左右或前后等方向上的摇摆效果，主要用于表现人物精神恍惚、头晕目眩或紧张的环境等。

8. 旋转镜头

旋转镜头是指被拍摄对象呈旋转效果，镜头沿镜头光轴或接近镜头光轴的角度旋转拍摄，摄像机快速做超过 360 度的旋转，这种拍摄手法多用于表现人物的眩晕感觉或者烘托情绪、营造氛围。

9. 升降镜头

升降镜头是通过摄像机上下移动来拍摄主体的一种运动拍摄手法，通过改变摄像机的高度和俯仰角度给观众呈现一种丰富的视觉感受。

常用的几种拍摄模式

在拍摄视频号内容的过程中，根据拍摄需求，我们可以采用不同的拍摄视角，以及相应故事线的叙述方式、人称。根据拍摄视角、叙事方式、人称的不同，常用的拍摄模式有自拍模式、讲解模式、剧情模式和采访模式四种。

1. 自拍模式

自拍模式是采用第三人称视角，将摄像机镜头对准自己进行拍摄的模式。这种拍摄模式一般采用中近景，视频形式较为单一。自拍模式最早出现在直播平台，后来延伸至短视频平台并迅速流行起来。自拍模式能够激发用户自我展示的欲望，更加适合竖屏短视频的拍摄。随着智能手机成为当下流行的短视频拍摄工具，自拍模式成为现在短视频制作比较常见也比较简单的拍摄模式。

2. 讲解模式

讲解模式适合电影解说、测评类短视频的拍摄。这类视频号内容也是目前比较常见的，横屏形式居多。讲解模式最主要的特点是创作者可以采用"音画不同步"的方式，先制作画面，后期通过配音的方式来进行讲解。讲解模式以讲清楚故事为主要目的，可以采用第一人称视角或者第三人称视角来进行拍摄。

3. 剧情模式

剧情模式是指有明确主题和背景设定的剧情类短视频拍摄模式。剧情拍摄模式多采用第三人称视角，是对某种社会现象或者特定人群生活状态的写照和映射。剧情模式一般需要将多个镜头进行组合，有特定的剧本和情节设置。剧情模式能够拍摄丰富的内容，但拍摄过程较为复杂。

4. 采访模式

采访模式也是一种较为常见的视频号内容拍摄模式。采访模式可以用于人物采访类视频、街访类视频的拍摄。采访模式一般采用第一人称视角或第三人称视角，具有很强的灵活性。

拍摄过程中的细节问题

1. 避免逆光拍摄

在拍摄视频号内容的时候，要把握好被拍摄对象和阳光或灯光之间的位置关系。最基本的条件就是"避免逆光拍摄"。逆光拍摄容易使人的脸部过暗，或者阴影部分看不清楚。如果必须要在逆光条件下拍摄人物的话，一定要记得使用反光板，并且要开启拍摄设备的逆光补偿功能。

2. 对焦要准确

拍摄时要将拍摄对象放在画面正中央，作为对焦点。在自动对焦模式下，镜头依据前方物体反射回来的信号判断距离、调整焦距。所以某些特殊情况（比如隔着铁丝网、玻璃或者与目标之间有人物移动等）会导致画面焦距不稳定的情况出现。如果有影响焦距的因素，只需将对焦状态从自动切换到手动就可以了。

3. 围绕中心对象拍摄

在视频号内容的拍摄中，要围绕中心对象进行拍摄。尤其是在复杂的拍摄环境中，中心对象的行为、言语和情绪变化构成了短视频作品的逻辑主线。即便要拍摄其他人的言行，也都应为中心对象服务，不可喧宾夺主。

4. 注意拍摄环境

我们在拍摄时应尽量选择稳定的拍摄环境。好的拍摄环境有利于拍摄画面的稳定，也能提高我们的拍摄效率。

5. 掌握视频拍摄时长

视频号等短内容有一定的时长限制。如果镜头的时间太短，画面会让人看不明白；如果一个镜头时间太长，会显得枯燥无聊，影响观众的观看热情。因此要特别注意镜头停留时长和拍摄时长，仔细斟酌每个镜头。

6. 把握黄金三秒钟

视频号的用户停留时长比较短。如果一个视频号作品在 3 秒以内无法吸引观众，就很可能会被观众无情地"划走"。所以短视频开始的"黄金三秒钟"要足够精彩，以留住观众。

5.4 视频号的制作软件 ◐

除了视频号本身自带的基本剪辑和制作功能，很多用户在视频号内容制作过程中还会使用其他一些软件。

专门的手机短视频制作 App

1. 剪映

剪映是一款与抖音配套的剪辑工具，在剪辑方面非常专业。它拥有较多的模板，尤其是"剪同款"功能，能够搜索模板，剪辑出与模板相同的效果。剪映的一键制作功能比较强大，非常适合入门者使用。在音频方面，可以录音和提取音乐，音效也比较多。剪映能对视频进行简单的调色，可调节高光、锐化、亮度、对比度、饱和度等参数。剪映在视频剪辑完成后会带上水印，不过也可以在设置中关闭水印。剪映虽不能在软件中快速启动相机进行拍摄，但依然是一个非常不错的剪辑工具。

2. 快影

快影是一款与快手配套的剪辑工具，可以直接在软件里启动相机进行拍摄。与剪映功能相似，它也可以一键制作视频，但是视频模板更新不太及时。快影操作简单，支持添加各种音频，能够导入本地音频及提取视频声音。快影的另一个特点就是能够自动识别字幕，修改也比较方便。对于视频水印、片尾可以将其关闭，但是需要先分享到朋友圈才行。

3. 巧影

巧影是一款功能强大的手机端视频剪辑软件。它操作简便并且功能强大，基本的视频剪辑功能在巧影上都能实现。巧影能够选择不同的视频比例，支持横屏和竖屏画面的剪辑。剪辑过程中能够单独新建一个编辑窗口，实现剪辑、拼接、叠加不同的画面。使用巧影剪辑，音频的添加、合成和分离都非常方便。巧影有丰富的转场效果，强大的转场效果可避免镜头转换太过生硬的情况。但是巧影有的功能需要付费才能使用，例如一些高级的素材模板、去除水印等。

4. 猫饼

猫饼是一个适合新手的视频制作工具。猫饼的滤镜效果比较高端，配乐都有版权，字幕和贴纸是手机视频软件中比较好的。猫饼不仅有视频剪辑的功能，还自带各种教程，变速、倒转、拆分视频都可以轻松完成。添加背景音乐时可以利用节奏踩点功能在音乐波形上添加关键点，再根据关键点进行视频剪辑。

5. Vue

Vue 是一款主打"短视频"的剪辑软件。Vue 界面简洁、操作简单，同时还考虑到了短视频在生活中的各种使用场景。除了剪辑、配乐、文字等基本功能，Vue 中还添加了调速功能和多款滤镜，能够方便地调整画幅、更换滤镜。

专业的视频剪辑制作软件

对于视频的后期剪辑来说，常用的有爱剪辑、会声会影、iMovie、Final Cut Pro、Adobe Premiere Pro、edius 等几款剪辑软件。就专业化程度来说，爱剪辑、会声会影、iMovie 虽然也能进行视频剪辑，但是专业化程度不够高。Final Cut Pro 和 Adobe Premiere Pro 是两款比较专业的视频剪辑软件，也是我们在剪辑视频时经常会用到的两款软件。edius 较适合新闻记者使用。

1. Final Cut Pro

Final Cut Pro 是一款由苹果公司开发的专业视频非线性编辑软件，最早在 1999 年推出。Final Cut Pro 只适用于 Mac OS，在苹果电脑上才能使用。Final Cut Pro 界面整洁清爽、稳定性强、剪辑效率高，且剪辑过程中较少出现系统中途退出的状况。另外，Final Cut Pro 内置了很多转场和特效，预览视频比较流畅，渲染视频速度快（渲染视频主要依靠图形处理器）。不足之处就是 Final Cut Pro 软件需要的效果插件需要付费购买，且苹果设备本身价格较昂贵。如果预算不足的话不建议入手。

2. Adobe Premiere Pro

Adobe Premiere Pro 是比较受欢迎的视频编辑软件，其操作界面如图 5-31 所示，操作步骤简单、容易上手，简明的操作界面和多样化的特效受到广大视频创作爱好者的青睐，适合新手学习。Adobe Premiere Pro 能同时在 Windows

系统和 Mac OS 使用，支持当前所有标清和高清格式视频的实时编辑，并可以和其他 Adobe 软件高效集成。由于 Adobe Premiere Pro 主要依靠电脑的核心数量进行剪辑，所以对电脑配置要求较高。如果电脑配置不高，在剪辑中会出现软件卡顿、中途意外退出的状况。

图 5-31　Adobe Premiere Pro 的操作界面

3. edius

edius 是一款非线性编辑软件，其操作界面如图 5-32 所示。edius 特别适合新闻记者使用，可进行无带化视频制播和存储，拥有完善的基于文件的工作流程，提供了实时、多轨道、多格式混编，以及合成、色键、字幕和时间线输出功能。不过在短视频制作中用得较少。

短视频剪辑制作的各类辅助工具

1. 特效工具

Adobe After Effects（简称 AE）是一款由 Adobe 公司推出的图形视频处理软件，主要适用于影视特效、栏目包装和动画设计，属于层类型后期软件，其

操作界面如图 5-33 所示。在视频号内容制作中，如果想要制作特效的话，AE
是一个很好的选择。AE 属于专业的影视后期处理工具，具有图形视频处理、
路径控制、特效控制、多层剪辑、关键帧编辑等诸多功能。在短视频后期制作
中，我们可将剪辑工具和特效工具配合使用。但是由于 AE 操作较为复杂，对
于初学者来说需要深入学习才能掌握。

图 5-32　edius 的操作界面

图 5-33　Adobe After Effects 的操作界面

2. 剪辑调色工具

Blackmagic Design DaVinci Resolve Studio 是 Blackmagic Design 旗下的一款著名的调色软件，中文名叫"达芬奇调色"，该软件将专业离线编辑、校色、音频后期制作和视觉特效制作融于一体，功能比较强大，其操作界面如图 5-34 所示。达芬奇调色兼具了视频编辑功能和视频调色功能，兼容性强、运行速度快、画质好。在短视频制作中，达芬奇调色可以协助我们对短视频的色彩、色调进行处理。达芬奇调色专业化程度较高，操作难度较大，不易上手。如果有特殊调色需要，可将其配合剪辑工具来使用。

图 5-34　达芬奇调色的操作界面

5.5 视频号内容的剪辑与特效

剪辑视频号内容时需要注意的问题

在视频号内容的剪辑过程中，我们通常会遇到很多问题，例如视频素材镜头缺失、素材或字幕中含有敏感内容、视频叙事逻辑混乱等，因此提前做好剪辑的准备工作是十分必要的。在剪辑视频号内容之前，我们要注意以下几个问题。

1. 确定剪辑思路

视频剪辑的第一步就是确定剪辑思路。在剪辑视频的时候，我们要从观众的角度进行审视，力求将视频的内容要点呈现在观众面前，以此来确定自己的剪辑思路。

2. 明确视频主题

其次，我们要明确视频的主题，将想要通过视频表达的含义传达给观众。

在视频中，我们经常会通过社会现象和热点话题的映射，来传达我们的态度。

3. 规避敏感信息

对于敏感信息的规避也是在视频号内容的剪辑中需要注意的。因为现在几乎所有短视频平台都对短视频内容进行了明确的规范，如果其中含有敏感信息，很可能就会出现上传视频审核不通过的情况。这是我们剪辑中需要注意的，对于敏感内容，我们可以选择舍弃或者使用马赛克进行处理。

4. 保持剪辑的灵活性

最后需要注意的就是保持剪辑的灵活性，在剪辑过程中不能死板地只按照剧本进行剪辑。对于有创意的剪辑手法和镜头，要敢于尝试。

视频号内容的剪辑与转场

现在为什么有的视频播放率很高，有的视频却无人问津呢？最主要的区别在于视频的剪辑和转场。视频的剪辑和转场直接影响视频的质量，以下是我们常用的几种剪辑方式和转场方式。

1. 视频的剪辑方式

1）动作顺切：动作顺切是镜头在角色仍在运动时进行切换的剪辑方式。主要用于抛掷物体、人物转身、穿过一扇门等场景。

2）离切：离切是画面先切到插入镜头，再切回主镜头，以此来表现人物内心的剪辑方式。使用离切时，插入镜头一般和人物处在同一空间。

3）交叉剪辑：镜头在两个场景中来回进行切换。交叉剪辑可以加重视频的紧张感和悬疑感，主要用于表现人物的内心变化。例如，两个人通话时就可以使用交叉剪辑来表现人物的内心活动。

4）跳切：跳切是对同一镜头进行剪接。通常用来表示时间的流逝，加重镜头的急迫感。

5）匹配剪切：通常在连接的两个镜头动作一致或构图一致时使用。通常用来切换不同的场景。

6）声音滞后：上一镜头的音效一直延续到下一镜头，该剪辑方式主要用于角色对话。声音滞后能够不打断画面的节奏，营造一个完美过渡，起到承上启下的作用。

7）声音先入：下一镜头的声效在画面出现前响起，主要目的是为画面引入新的元素，也能起到不打断画面节奏、承上启下的作用。

2. 视频的转场方式

1）淡入/淡出：镜头模糊，然后逐渐出现画面，或者逐渐进入全黑画面或从中淡出，呈现为视频画面的渐显、渐隐。画面由暗变亮，最后完全清晰，这个镜头的开端叫淡入，又叫渐显；画面由亮转暗，至完全隐没，这个镜头的末尾叫淡出，也叫渐隐。

2）叠化：将一个镜头叠加到另一个镜头上，可以表现时间的流逝。叠化这种转场效果经常用在蒙太奇中，可以对同一镜头进行叠化（比如人从年轻到老）。

3）跳跃剪辑：跳跃剪辑是一种效果很突然的转场方式。主要使用的场景如角色从噩梦中惊醒、从大动作的画面转至缓和的画面等。

4）划像：也叫扫换，它也是两个画面之间的渐变过渡。在过渡过程中，画面被某种形状的分界线分隔，分界线一侧是 A 画面，另一侧是 B 画面，随着分界线的移动，一个画面逐渐取代另一个画面。

5）急摇转场：急摇转场是无缝转场中最常用的一种转场方式。它可以从一个物体或者一个地方转至完全不同的画面。

6）遮罩转场：简单来说，遮罩转场就是借助从镜头前擦过的前景物体，来展现另外一段画面，需要借助后期 PR 或者 AE 来实现。要实现令人惊艳的遮罩转场效果，有两大要点：第一点是要保持两段素材的镜头运动方向一致；第二点是可以选择不同焦段的镜头分别拍摄两个画面，或者选择对比鲜明的不同画面场景。

音乐的选择

画面和声音是一个完整的视频号内容的重要组成部分。好的背景音乐能够带动观众情绪，但是选择合适的背景音乐却不是一件容易的事情，需要我们根据视频内容、视频节奏来进行把握。那如何为短视频挑选背景音乐呢？有以下几种方法。

1. 确定视频主题风格和情感基调

视频号内容的主题风格和情感基调对我们选择背景音乐有着较大的影响。如果视频号内容是时尚类的，那么我们就要寻找比较炫酷、流行的背景音乐；如果是剧情类视频，那么我们就要根据剧情内容去进行选择。比如生活类适合舒缓、有趣、节奏缓和的音乐；悬疑类适合节奏紧张、气氛诡异的音乐。

2. 分析视频整体节奏

一个好的视频号作品的整体节奏是和背景音乐相匹配的。因此我们需要根据视频的节奏来选择背景音乐。我们在确定背景音乐之前，可以先对拍摄的视频素材进行粗剪；粗剪完之后再分析视频的整体节奏，寻找合适的背景音乐；最后再根据音乐节点来适当调整视频的节奏。

3. 加入合适的音效

在视频制作中，音效的主要作用是配合剧情反转、加快或者减缓视频发展节奏，多用于搞笑类视频当中。视频中常用的音效有"微信消息提示音""惊讶""笑声"等，我们可以去专门的音效素材网站寻找合适的音效素材。

4. 利用音乐类 App

利用网易云音乐、QQ 音乐等各大音乐平台，寻找热度比较高、在各大短视频平台比较火的音乐。此外，网易云音乐、QQ 音乐等音乐平台上都有专门的短视频歌单，我们都可以通过搜索找到。

画面与音频的处理

对于画面和音频的处理，我们需要注意以下三点。

1. 画面节奏与音乐节奏匹配

如果画面节奏比较舒缓，那么我们选择快节奏的音乐就会显得非常不搭配。而画面内容的节点和音乐的节点相匹配，就是我们通常说的"卡点"，就会显得视频格调清晰、节奏鲜明。能够"卡点"的视频能让观众有较强的代入感，非常有张力。

2. 背景音乐数量适中

视频号内容时长一般在几秒到 60 秒不等。如果视频画面内容丰富，时长较长，那么只用一种背景音乐就会显得枯燥。所以我们要根据视频时长和画面内容来决定使用几首背景音乐。

3. 背景音乐音量适中

最后一点就是我们要避免出现背景音乐"喧宾夺主"的情况。如果背景音乐音量过大，不仅会覆盖人声，还会使我们的观感大打折扣。

视频号字幕的添加

1. 添加字幕要注意的问题

1）规避敏感词汇：如果字幕中含有敏感词汇，比如含有色情、暴力的词语，则会违反平台规范。因此我们在制作字幕时应尽量规避敏感词汇。如果没有办法规避的话应当给"敏感词"打上马赛克或者其他能够遮蔽"敏感词"的符号，或者使用拼音、谐音字来代替。

2）字幕不能遮挡画面的关键区域：在添加字幕时，字幕不能遮盖人物面部及画面中的关键区域，以免出现重要内容被遮挡的情况。

3）字幕颜色的选择：字幕颜色和视频画面颜色要有较为明显的区分度。例如画面中人物的衣服是红色的，我们在选择字幕颜色的时候就要避开红色，不然会出现看不清字幕的情况。

4）字幕内容清晰、字号大小合适：视频号内容中不乏一些涉及方言的内容，这时候就需要观众通过字幕去辅助理解。因此如果视频中带有方言内容，那么我们就要制作清晰、规范的字幕。字幕的字号大小要合适，字号太小的话会看不清内容，字号太大的话会占据画面太多的空间。

2. 添加字幕的方式

1）直接添加字幕：直接添加字幕是我们常用的一种字幕添加方式。直接添加字幕操作简单，能在剪映、快影等手机剪辑工具，以及 Premiere、Final Cut Pro 等专业后期制作工具内完成。但是如果字幕过多的话，制作起来会比较麻烦。

2）语音生成字幕：在后期制作字幕时，如果字幕过多，添加字幕会耗费一定的时间。一些短视频 App，例如剪映、快影，给我们提供了语音生成字幕的功能，能够轻松、快速地完成字幕的添加。除此之外，我们还可以直接利用输入法、备忘录语音转文字的功能，也能将我们的语音转化成文本，方便字幕的添加。例如使用快影添加字幕，快影除了能够直接添加字幕，还给我们提供了语音转字幕的功能。快影的语音转字幕功能有三种字幕来源，分别是视频原声、添加的音乐和添加的录音。通过语音添加字幕方便快捷，但是也会出现个别字幕识别错误的情况，这时候就需要我们手动去调整。

第6章

视频号如何变现

很多人提到视频号商业价值的时候喜欢用这句话：如果你错过了 2015 年的快手，错过了 2018 年的抖音，那么请一定不要错过 2020 年的视频号！

为什么大家这么看重视频号呢？说得直白一点，在整个微信的生态当中，视频号蕴藏着巨大的内容红利和商业价值。

所以，本章主要来谈一谈视频号如何变现，相信大家都非常感兴趣。不过，这里我要提醒所有内容创作者的一点是：短期内不要指望在视频号中直接变现，但一定要尽快找到通过视频号在整个微信生态乃至腾讯生态内变现的策略。

6.1 想要变现，必须看清超级流量入口 ◑

要玩转视频号的商业模式，实现最大化和最优化的商业变现，就必须完全搞懂，作为移动互联网超级流量入口的视频号，究竟意味着什么。

超级流量入口这个概念前面我提到过，但是没有重点展开。这里要详细介绍一下，在如图 6-1 所示的《首席视频官：5G 时代的短视频布局与营销革命》（以下简称《首席视频官》）这本书中，我重点强调过这个概念。

"当 5G 时代的视频变成一种主要表达工具、一种新的网络入口、一种市场营销的标配及一种流动在超级物联网中的活跃因子的时候，视频——无论多长或者多短，已经远远超出了它作为媒介产品的基础形态。

"它成了一种思维，一种重构'人—货—场'关系的连接思维、娱乐思维、社交思维、营销思维和消费思维。"

图 6-1　图书《首席视频官》

如果《首席视频官》上市的时候我们还不清楚未来的这个基于视频形态的超级流量入口究竟长什么样的话，那么今天，当视频号横空出世的时候，我终于敢肯定地说：它就是我所想象的超级流量入口的样子，它做到了！

为什么敢肯定地做出这个判断呢？因为视频号完全符合超级流量入口所应该具备的所有关键特征。

1. **超级覆盖能力**：这是显而易见的，视频号的超级覆盖能力是建立在微信这个用户规模超过 12 亿的超级 App 的基础之上的，它基本覆盖了中国所有的互联网人群。这一点使得视频号不但能够快速吸引其他短内容平台的创作者，也给了那些压根儿就不会下载抖音或快手等 App 的人以创作和发布短视频的机会。随着时间的推移，视频号可能会像微信支付或朋友圈那样，成为每一位微信用户的"标配"。

2. **超级连接能力**：我们可以非常清楚地看到，视频号的"出圈"意味着用户可以利用视频号连接其所处的六度空间中的所有强关系和弱关系，从而与更多的人建立好友关系或粉丝关系。更重要的是，视频号还可以直接连接内容、连接支付、连接直播、连接服务，甚至连接线下的实体门店。我们有理由相信，视频号具备连接一切线上线下人、货、场和内容的能力。这就在本质上决定了视频号的玩法与其他短视频平台的玩法存在着巨大的差异，而这种差异恰恰是由视频号所具备的这种超级连接能力所决定的。

3. **超级黏着能力**：不同于其他短视频平台，在视频号的内容流之中，用户既能看到很多自己熟悉的面孔，又能看到各种社会公众人物及网红 KOL 的身影；既能在视频号的小生态中获取多元化的短内容，又能在整个微信的大生态中切换自如；既能解决碎片化时间的内容获取问题，又能轻松地跳转到其他产品或服务的消费界面……这都在无形之中增强了视频号乃至微信的黏着能力。

4. **超级导流能力**：随着视频号在微信生态内部的崛起，以及越来越多用户的注意力流向视频号，我们可以预期，当微信已经成为移动互联网的超级流量入口之后，视频号将最有机会成为微信生态的超级流量入口，用户打开微信除了展开会话，最先要打开的功能将会是视频号。进入视频号之后，用户将被分发到公众号、电商购物、腾讯视频、保险理财、小程序、线下活动等更多的微信业务、腾讯业务及更多第三方业务中去。

5. **超级变现能力**：目前来看，视频号并不支持在自己的内容平台进行变现的方式，它更多的是将用户导流到其他可变现的功能中去，比如公众号的付费阅读、小程序的线上下单，以及直播带货等。因此当我们谈论视频号的超级变现能力时，必然要跟它的超级导流能力密切地联系在一起。由于目前视频号尚未放开 1 分钟以上的中长视频权限，因此 60 秒以内的短视频使得它更像是一种导流、导购和导读的工具，它将用户的注意力导向哪里，视频号的创作者就将有机会在哪里变现。

由于当前视频号在内容下方链接公众号图文的情况较为常见，而其他的变现出口正在进一步开放的过程中，因此，我们这里重点讨论一下在视频号链接到公众号的场景下，用户付费的逻辑是怎样的。

6.2 用户愿意为什么付费

在《必然》这本书中，凯文·凯利介绍了可以向用户收费的 8 种原生性特征。

将用户从视频号导流到公众号之后，我们应该怎样探索收费模式？我觉得可以参考凯文·凯利所说的这 8 个方面。

1. 即时性，也就是说你向用户收费的内容一定是最新的，别人还没有的。

2. 个性化，也就是说你向用户收费的内容是按照他的意愿来生产的。

3. 解释性，也就是说你向用户收费的内容让他明白了一件他自己可能永远都琢磨不透的事情。

4. 可靠性，也就是说你向用户收费的内容让他觉得心里踏实、可信赖。

5. 获取权，也就是说你向用户收费的内容并不是某件东西，而是让他可以随时使用这件东西的权利。

6. 实体化，也就是说，要从线上到线下，比如音乐是免费的，实体演出却是收费的。

7. 可赞助，也就是说用户愿意为自己真正喜欢的内容创作者提供赞助和支持。

8. 可寻性，也就是说你向用户收费的内容能够帮助用户在泛滥的信息洪流中，过滤和寻找他真正喜欢的事物。

下面我们逐条拆解开来看。

即时性

过去，一部新电影上映十几天，下线之后马上就能在网络上找到免费的资源，但真正的影迷仍然要去电影院买票看。在这个意义上，用户买的是最新的电影。

互联网研究者刘兴亮的一篇付费阅读文章《如何抓住视频号的机会？我给9点建议》在短短几天内就收获了3000多个付费用户和4000多个公众号粉丝，如图6-2所示。为什么？因为他是最早被邀请内测开通视频号的用户，也是最早写文章来谈视频号的内容创作者。这也是即时性的重要体现，他通过视频号为这篇即时性非常强的付费文章做了很好的导流。

那么通过视频号如何向用户提供即时性的体验呢？又可以提供哪些即时性体验呢？我觉得其中有两点至关重要。

文章是《如何抓住视频号的机会？我给9点建议》。截止到写作本文的时候，一些汇总数据是这个样子的：

付费人数	3000+
阅读量	30000+
付费率 （付费人数/阅读量）	11.7%
付费收入	10000+
赞赏人数	70+
赞赏收入	1000+
公号粉丝增加	4000+

视频号名称：刘兴亮
公众号名称：刘兴亮时间

刘兴亮时间

图 6-2　刘兴亮的视频号与公众号付费文章互动带来的效果

一是最新。尤其是一些重要的信息或者用户需求强烈的内容，如果你能够做到比别人早 6 个小时、12 个小时甚至 24 个小时，那么你就可以在视频号中展现 1 分钟以内的精彩视频内容，然后在下方链接上你的公众号的长图文或者长视频，并把它设置为收费模式。

二是在场。在场的价值在于它不但是即时的，而且就是现在。在这个世界上发生的 99%以上的事件中，媒体都不在场，所以如果恰巧你在一个非常重要的事件现场，而媒体又不在场，或者媒体在场却无法提供一个普通用户的视角，这时候你的视频号是可以随拍随发的。你也可以尝试通过视频号链接某种收费直播，以这样的方式向用户呈现真实的现场。

个性化

凯文·凯利解释说，个性化要求的是创作者与消费者、艺术家与粉丝、生产者与用户之间的不断对话。这是一种对时间的消费。

这句话大家一定要理解，创作者按照消费者的需求为他量身定制了一则内容，在这个过程中，创作者付出了很多时间，他的这个时间付出应该得到消费者的认可。

这种模式并不新鲜。想想过去的独家约稿，创作者生产的稿件只提供给一家机构，这家机构要向他付相应的稿费。道理难道不是一样的吗？

这在所有的领域都是通用的，个性化程度越高的产品或服务，其价格也就越高。

在视频号中，也可以尝试这种策略：大众化的内容免费，个性化的内容收费。比如网络小说的创作者，可以向一般用户提供一个版本的结局，但同时向不同类型的用户提供多种不同版本的结局，前者免费，后者收费。

这种变现方式依然还是要通过视频号链接公众号来实现。但是我相信，视频号或早或晚也会开通付费订阅功能，我们要提前做好准备。

解释性

"软件下载是免费的，用户手册却要卖一万块钱。"我原来做过企业家的培训，这一点我非常清楚：培训的课程价格可以很低甚至免费，但是企业家学习完股份制改革或者私募股权基金的培训课程之后，他们依然不会操作。这个时候你要向他们收取的是较高的顾问费用。

这种培训课程是大众化的内容，顾问服务所提供的解释性和实操性却是个性化的，因此解释性与个性化也是密切相关的。

此外，解释性也在另一个层面上解释了刘兴亮关于视频号的文章解读为什么有人愿意付费，因为虽然很多人都被邀请参加视频号内测了，但是马化腾和张小龙却不站出来向大家阐释为什么做视频号，视频号是个什么定位，如何做会做得更好。这个时候刘兴亮站出来说，好吧，我窥测到了秘密，我来解释给大家听，但是你们每个人要付 3 块钱。这就是解释性。

再举一个例子，房地产行业的政策可以说是影响每一个用户生活的重要政策，每年各个地市的政策既复杂又不断在调整，有时候甚至让人摸不着头脑。这个时候经济学家马光远站出来说，朋友们不要担心，我来给你们分析分析。于是我们看到马光远的公众号文章无论是打赏还是留言都非常踊跃，如图 6-3 所示。

图 6-3　马光远公众号文章的打赏及留言

视频号的道理不也一样吗？它只不过是把这种解释性从图文变成了视频。所以你看，其实我们在谈视频号的时候，永远都不能把公众号甩开不理，它们之间的关联实在是太密切了。

可靠性

用户是很乐意为可靠性付费的，也就是说用户觉得你靠谱，他就愿意付钱。

大家想一个问题，很多用户为什么不喜欢微商？我前两天终于体验到了，为什么呢？很多微商喜欢"杀熟"，我就被自己认识的一位朋友"杀熟"了，这就导致用户的体验不好，之前的信任关系一下子土崩瓦解了。我个人认为并不是微商的模式不好，甚至我有点钦佩这些人能搞出这么好的商业模式来。但在商业模式之外，我觉得人们不喜欢微商的主要原因恐怕还是它不靠谱。

我的 30 分钟纯干货视频《讲透国家社科基金申报书润色技巧》（这则视频也具有典型的解释性）为什么敢向用户收费？一方面，这则内容是有价值的；另一方面，我提供了各种可靠性的背书，如图 6-4 所示：文章中有"晴耕雨读刘庆振"的实名信息，还附上了我的微信号码，保证不满意就可以加我微信退货退款。这种可靠性向大家暗示了一条信息，那就是：作者是一个有着正经职业的人，不会为了一篇 18 块钱的付费阅读文章而把自己的声誉败光，大家可以放心付费，不满意还可以退款。

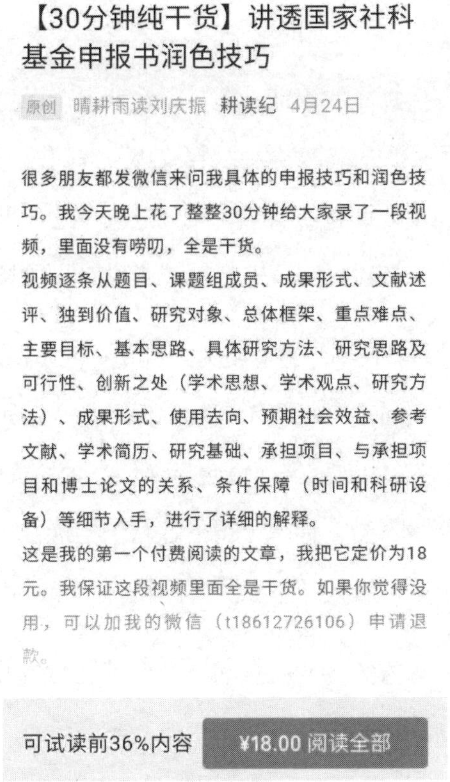

**【30分钟纯干货】讲透国家社科
基金申报书润色技巧**

原创 晴耕雨读刘庆振 耕读纪 4月24日

很多朋友都发微信来问我具体的申报技巧和润色技
巧。我今天晚上花了整整30分钟给大家录了一段视
频，里面没有唠叨，全是干货。
视频逐条从题目、课题组成员、成果形式、文献述
评、独到价值、研究对象、总体框架、重点难点、
主要目标、基本思路、具体研究方法、研究思路及
可行性、创新之处（学术思想、学术观点、研究方
法）、成果形式、使用去向、预期社会效益、参考
文献、学术简历、研究基础、承担项目、与承担项
目和博士论文的关系、条件保障（时间和科研设
备）等细节入手，进行了详细的解释。
这是我的第一个付费阅读的文章，我把它定价为18
元。我保证这段视频里面全是干货。如果你觉得没
用，可以加我的微信（t18612726106）申请退
款。

可试读前36%内容　　¥18.00 阅读全部

图 6-4　可靠性的背书

更重要的是，我的视频号链接了我的这篇付费公众号文章，我的视频号
不但是实名的，而且是被认证过的。

这就是可靠性。我第一天注册了视频号，第二天就把七大姑、八大姨、小
学同学、博士同学拉到视频号里来做了我的粉丝，为什么呢？我要凑 100 个
粉丝，赶紧申请认证，官方认证你了，说明你这个人是比较靠谱的，别人才愿
意信任你，跟你交朋友。

获取权

拥有有时候是一件烦人的事情,尤其是在北上广深这样的大城市,房子动辄五六万、十来万一平方米,寸土寸金,如果拥有了太多身外之物,我们的家里就没有立足之地了。而且,有些东西你还真不想一辈子都拥有它。所以这两年共享经济盛行,转转、闲鱼等都是较典型的实现共享经济的平台。

在内容领域也一样。我不知道从上大学到现在的 15 年来我在不同的电脑上下载了多少歌曲,我看上去拥有了它们,但现在我还是要为听一首伍佰的《挪威的森林》或《突然的自我》而付费。为什么呢?电脑老了,光盘废了,硬盘找不着了。即便找得着,你也懒得去翻箱倒柜地找了,因为今天你听了伍佰,明天又想听王菲,后天又想听罗大佑了(暴露年龄的时间到了)。

图书也是一样,我最头疼的就是家里堆得满满当当的图书了。因为喜欢看纸质书,所以没办法转换成电子书存储起来。

但你喜欢的短视频或者付了费的公众号文章是很方便存储的,只要你不换手机不换微信,它们都会存在你的付费阅读记录里,点击"查看详情"即可跳转到相应的付费文章,如图 6-5 所示。哪怕换了手机,你也可以在付费记录中轻松找回这篇付费文章,而不用再从满满当当的收藏页面中一条一条去找了。

所以,从这个意义上来说,无论是视频号还是公众号的付费订阅,都不仅仅是一种获取权,让你想找就能找到,更重要的,它还是一种信息过滤机制,用付费的方式,把对用户而言最有价值的内容过滤出来。

图 6-5　点击"查看详情"即可跳转到付费文章

实体化

从根本上说，数字内容产品没有实体。那为什么要将其实体化呢？

我认真地研究了凯文·凯利的观点，我认为更好的表述应该是线上线下打通。他在书中举的两个例子也基本是这个意思。

举例 1：音乐是免费的，实体演出却是昂贵的。

举例 2：图书是免费的，但与作者面对面交谈却是昂贵的。

因此，视频号和公众号的创作者，要考虑清楚一个问题：如果线上内容让用户免费看，线下你靠什么收费？这里面的可能性实在是太多了，比如我是老师，我可以开收费课程；我是网红，我可以线下见面；我是作家，我也可以开小说写作课……我相信这里面有千千万万种可能。

前文中提到过，微信这些年来在做的一件伟大的事情就是打通我们的线上线下生活，从社交关系到水电暖气、罚单缴费，再到柴米油盐、衣食住行。前有移动支付，后有小程序，今天有视频号。

你如果认为视频号只是个短视频平台，未免有点太片面了。视频号链接小程序之后，不就形成了线上线下互动的闭环了吗——线上观看视频，观看完之后点击链接或者点击小程序，马上购买一杯奶茶，让快递送过来。所以视频号本身就是实体世界的一个在线入口。

过去的小程序功能性太强，娱乐性不足，所以要通过短视频进一步打通线上的娱乐性和线下的功能性。在视频号看短视频是免费的，但看完之后产生消费的冲动了，想买了，想吃喝玩乐了，那就要付费了。在这个意义上，视频号不就相当于一个广告平台吗？

可赞助

在我看来，这种可赞助性就是众筹模式。大家都知道凯文·凯利提出的1000个铁杆粉丝定律，但他还说了，你的铁杆粉丝愿意付费或者赞助你创作某些内容是有前提的，只有在以下几种情况下他们才会更愿意买单。

1. 支付方式必须超级简单；

2. 支付金额必须合理；

3. 可以看到支付后的收益；

4. 花出去的钱必须让人感到能让创作者获益。

这四条一看就明白，不过多解释。但是你要想的是，怎样让你的粉丝赞助你？让他们赞助你干什么？这时候各视频号的创作者情况又完全不同了。

举例来说，我作为一名老师，可以在自己的视频号粉丝中发起众筹，告诉他们我要出版一本叫作《玩转视频号：从情感连接到信任经济》的图书，只限 1000 个铁杆粉丝支持，每个人 40 元，将其直接链接到我的公众号众筹文章页面去付费或打赏，这样大家都有记录，支付简单，定价合理。三个月后粉丝能收到我签名的新书，我也成为视频号领域的专家了，皆大欢喜。

如果你是一名搞笑艺人，你可能需要粉丝赞助的是在北京三里屯的某个剧场举办一场搞笑表演；他是一名农民，需要粉丝赞助的可能是把地里的一万斤白萝卜销出去；还有几位艺术学院毕业的学生，需要粉丝赞助他们半年的租金，他们要去改造一间乡下的小茅草屋，回报则是每天八小时直播他们的改造过程……

记住，如果我们有铁杆粉丝，我们的事业就能获得一定的赞助。

可寻性

今天这个世界，什么最泛滥？信息。什么最稀缺？注意力。

抖音、快手、西瓜、梨视频等，那么多短视频平台在争夺用户的注意力；樊登读书会、十点读书、有书共读、美女读书等，那么多阅读类视频号在争夺用户的注意力。我们怎样提供差异化的价值？

以我的"耕读志"视频号为例，我要做的事就是邀请全国各个大学的不同专家、教授、学者、讲师、博士、硕士、本科生，让他们向所有用户推荐一本自己最喜欢的好书。这是在做什么？这就是在过滤，一个人的眼界和知识面可能有限，但推荐的人多了，真正的好书也就过滤出来了。这就是我们所说的可寻性。

这也意味着这个具备可寻性和过滤功能的书单是可以收费的。

此外，图书是每个人都能买得起的，但买完之后，并不是每个人都读得起，因为能力、知识、思维、时间等是有限的。

这时候，那些真正高质量的读书笔记就可以通过读书类视频号的导流来收费了。在这种情况下，用户付费购买的不是书，而是书中所蕴含的巨大价值。

其他类视频号的道理也一样，旅游类的视频号是帮助用户发现更值得去的地方；美妆类的视频号是帮助用户选择更好的化妆品……

用户不怕付费购买你的知识清单、美妆清单和旅游清单，用户害怕的是复杂、是被大量信息淹没、是选择太多而注意力不够、是没有人告诉他们应该选择什么样的内容或产品。

6.3 视频号的更多变现路径

在上一节中，我们讨论了视频号导流到公众号之后，用户愿意为什么价值付费，以及内容创作者应该怎样向用户收费。但是我依然觉得这仅仅是视频号所打造的商业变现生态的冰山一角，所以在这一节中，我们进一步讨论在公众号之外，视频号还有多大的商业价值和多少种变现的路径。

视频号即广告

过去，只有大企业才能在中央电视台打得起广告，因为广告费动辄上亿元，所以在那个年代，每年中央电视台的广告招标会都会诞生重量级的"标王"，而中标的品牌也通常能在未来几年内赚得盆满钵满，但这样的机会只属于少数有资金实力的企业。

后来，搜索引擎广告、信息流广告、公众号广告等形式让中小企业甚至自媒体也有了投放广告、扩大影响力的机会。广告费用是按照曝光量或点击量来计算的，你可以自己控制每天的投放预算，哪怕你只有 100 块钱，也可以投放广告。

但是视频号这次彻底打破了内容与广告之间的界限。对于任何组织和个人来说，营销、推广、宣传的最有力武器就是你的视频号，把视频号内容做好，是扩大知名度、提升影响力和美誉度的制胜法宝，除此之外，别无他途。你的内容就是你的广告。

认识到这一点后，大家就能明白，做好内容、提高点击率和点赞率这件事情本身就是最好的"变现"了，因为它让你有机会以近乎为零的成本获得像央视广告那样的品牌效果。再小的个体和企业，不用花钱就能实现成功营销，这难道不是最可观的变现方式吗？说得更直白一点，在广告投放这件事情上，省钱就是赚钱。

视频号即 O2O

视频号可以链接小程序，小程序最大的功能就是打通线上和线下。对于线下商业尤其是门店和餐饮来说，视频号的功能当然不是像自媒体人那样吸引数百万的粉丝，然后再通过广告或带货等方式变现了，它最重要的价值仍然是商业最本质的价值——销售。

所以，在这个逻辑上，视频号不能独立存在，它必须与微信小程序和微信支付紧密地结合在一起，才会发挥出巨大的威力。比如，我看完一条视频号内容之后，对其中介绍的商品或服务产生了购买欲望，这个时候我怎么办？

过去我们是切换到京东、天猫、美团或者大众点评下单，但在视频号的理想状态下，我们无须切换其他移动应用程序，完全可以点击小程序的链接，在线下单一份生鲜、一本图书或一顿午餐，下单完成后还可以继续观看刚才的内容。

在这一点上，视频号并不是在做颠覆，而是在做强化，它将用户从前的购买决策流程进一步压缩，使得他们可以在更短的时间内完成"注意—兴趣—欲望—购买"的全部动作。

而视频号的价值则在于，告诉用户，在 2 公里外有一家新的奶茶店开业了，你快来看一下这家店的创意奶茶吧！看完你就直接订了 2 杯，20 分钟后店家就将奶茶送到了你的家门口。

所以，对于线下商业来说，视频号的变现机会主要在于它究竟能为你导来多少愿意买单的用户流量。

视频号即名片

十几年前我参加很多商业论坛的时候，经常看到会场中有一类人，他们游走在各个参会嘉宾之间，和他们交换名片；后来我创业的时候，每次出差也都要带一盒印好的名片，去与别人交换。名片上印着我们的单位、职务、姓名、电话、邮箱和地址等信息。

我还清楚地记得，一位创业者曾经不无自豪地对公司的销售人员说："我这两年换回来两万多张名片，你们一个一个打电话，都能做出非常漂亮的业绩来！"诚然如此，在线下时代的商业世界中，有两万张名片就意味着有两万个商业连接和交换的机会。

但今天，我已经记不清楚自己上一次印制名片究竟是几年之前的事情了。因为在商务、休闲、教育、社交等越来越多的场景下，我们都把见面换名片的礼仪改成了见面加微信的动作：我扫您，还是您扫我？

通过微信朋友圈，我们能够更好地认识一个朋友，了解他的工作、生活和娱乐等方方面面，更重要的是，我们可以时不时地在朋友圈中看到和被看到，我们还可以进行偶尔的或频繁的互动。所以，朋友圈就是一张名片。

同样的道理，视频号是比朋友圈内容容量还要大、维度还要丰富的名片。通过视频号，用户不但可以看见你好看的皮囊，更能够走近你有趣的灵魂。通过视频号，你可以真正把自己当作一个品牌来打造，从而使得更多的人认识你、关注你、找到你并与你合作，从而真正实现"出圈"，走出自己的小圈圈，走向更广阔的大圈圈。

这个时候的变现，并不在于视频号能给你带来多少直接的货币收益，而是它在无形之中提升了你的粉丝数量，有越来越多的人可以基于兴趣、职业或者位置、社交网络等原因，与你建立连接，并在未来的短则三五个月、长则三五十年内与你产生某种利益的交换。

视频号即服务

前两天我带孩子去社区卫生服务中心打疫苗，由于疫情的原因，一切手续都改由通过微信或其他移动应用来办理。我在等待期间，又一次更深刻地意识到了这个事实：在过去的十年间，无论是政府机构、事业单位还是企业组织、个体商户，它们所提供的商品或服务，凡是能够实现的，都已经彻底实现了在线化、数字化和移动化，也就是 30 年之前尼葛洛庞帝在《数字化生存》一书当中所畅想的那个场景。

但是，这并不是结束，而只是刚刚开始，下一站就是我们所说的视频化。也就是将一切可以提供的服务视频化，而视频号恰恰是处在这个历史阶段的一个超级流量入口。

在今天的疫情环境之下，最先视频化的服务无疑是教育，无论是中小学的基础教育，还是大学的高等教育，尽管视频化的在线教育还存在各种各样的问题，但我们可以乐观地期待，技术会不断地解决这些问题并改善用户的体验。

所以，我们看到越来越多的服务都在尝试从线下转到线上，过去线下一对一的家教正在被猿辅导、斑马英语这样的线上视频课程辅导所取代；过去的出门旅游也正在被线上的虚拟现实旅游所补充和带动……

而视频号所带给我们的巨大想象空间就在于：把一切可以视频化的商品和服务都视频化，然后链接公众号、小程序、中长视频、直播、虚拟现实等功能，或免费或收费。

比如，今天我们已经不再需要一个商品的说明书，只需要看一个几十秒的视频就可以轻松完成 DIY 安装；再比如，视频号中有很多讲授手机摄影的账号都非常火，它们教会了越来越多像我一样的普通人，如何通过手机拍摄出大片的感觉。

那么，应该把用户导流到什么地方去、让他们付费呢？这就成了视频号创作者需要认真思考的问题。我个人觉得不用着急，等视频号像 YouTube 那样放开中长视频的权限之后，付费订阅将会是它的必然选择。现在我们可以尝试着将其导流到任何可以付费订阅或者付费购买服务的其他出口中去。

第 7 章

视频号进阶策略

很多普通人觉得做视频号内容不在自己的能力范围之内，认为这是一件对艺术范儿和创意性要求非常高的事情。但我想说的是，尽管视频号平台上的的确确存在着"二八法则"，但是它依然给我们每一个人、每一家组织带来了各种尝试、探索和创造的机会，把握好这些机会，我们依然可以在视频号的广阔平台上游刃有余，获得真正属于自己的那一份流量和价值。

7.1 普通人如何成为视频号高手

在一篇题为"为什么你一定要重视微信视频号?"的文章中,李笑来老师提到,他花了一个多月的时间拜访了很多人,这些人列出了不看好视频号的诸多理由,但李笑来老师的观点却是:

未来的 5~10 年里,在"微信互联网"上,一定会出现大量的价值超过十亿(元)的个体——注意,不是"团体",而是"个体"。重点并不仅仅在于微信视频号,而是在于因为视频号而最终成就了"微信互联网"。之前的朋友圈、公众号、服务号、小程序……都是准备,但到了视频号,瞬间,一切都不一样了。

在这一点上,我非常赞同李笑来老师的观点,我也相信在抖音、快手等短视频平台都已经如日中天的时候,微信视频号横空出世,绝不仅仅是要在短视频市场中分一杯羹,或者为那些已经在其他短视频平台积累了大量粉丝的短视频创作者增加一个全新的内容分发渠道。恰恰相反，内测近半年来，微信在视频号方面表现出来的低调与克制只是在说明：它希望视频号能够超越公众号的影响力，为更多并不擅长写文字的普通个体赋能；它希望视频号能够像朋友圈那样，成为每一位热爱表达的微信用户的"标配"。

所以，以下的几点建议是写给所有普通用户的，而不是写给那些已经在各类内容平台上拥有数十万甚至上百万粉丝的内容创作者的。

第一，时刻记住视频号是我们的一张名片。

我们普通人为什么要做视频号？前面我回答过这个问题，重要的事情值得再强调一遍：视频号是我们的一张名片。说得功利一点，我们通过视频号向包括所有微信好友在内的更广阔的社交网络展示我们究竟是谁；说得不那么功利，我们通过视频号来记录自己的生活，哪怕这个生活只是给自己看的，它也值得我们用心记录下来。

以我自己为例，我记得刘兴亮老师在提到他的视频号的"亮父亮女"系列内容的时候，曾经说过这么一句话：视频号是一个极好的亲子教育工具。受他的启发，我开始用短视频的方式记录我儿子的成长过程，两个多月来，我发现它真的成了一个很好的亲子工具，"帮帮的邦"系列内容如图 7-1 所示。在此之前，我不太经常用视频的方式记录他的成长，孩子也不懂得如何面对手机镜头来表达自己的想法。但经过一段时间后，我们彼此之间形成了一种默契。而这种收获与成长，有时候我们不能简单地以商业回报的眼光来看待。

图 7-1　"帮帮的邦"系列内容

当然，如果你觉得孩子的成长有点偏私人化，那么自己的生活、学习、休闲和成长经历也都是值得记录的。记录这些东西，不但可以养成一种"定期打卡"的习惯，而且也在不断地帮助我们提升自己的业务水平和表达能力。

仍然以我自己为例，我的主要身份是大学老师，而不是自媒体人，因此，作为一个普通的视频号用户，我使用它的目的无非有以下几个。

1）记录我想要记录的，以免在这个信息泛滥的社会遗忘自己来时的脚步；

2）把它当作一张名片。以前我加完别人的微信之后会给别人发一张电子名片，现在则发一下视频号，里面有我的简介，别人也可以通过视频号内容了解一个更真实也更全面的我；

3）梳理我的知识体系。我把自己教授的在线课程的内容用视频记录下来，然后回看、剪辑、提炼并将其发布到我的视频号上，形成"每天学点新媒体"系列内容，如图 7-2 所示。这些内容就可以作为我下一次上这门课程

图 7-2　"每天学点新媒体"系列内容

的数字资源，让学生可以在课下进行学习，而我在课堂上则可以增加很多新的内容。此外，它还让我看到了自己在授课过程中的教姿教态、语言表情等方面的不足，从而可以帮助我提高自己的业务能力。

因此，从这一点上，我要劝那些跟我一样的普通用户，不要对自己的视频号有过高的期待，动不动就想"10 万+"呀，或者快速变现呀，这并不是一种长线思维。对于大多数视频号来说，它并不是你的主要收入来源，但它一定是帮助我们成为更好的自己的重要工具。

第二，记住这个公式：好的视频号=好的习惯+高度重视+熟悉规则。

《众媒时代：我们该如何做内容》一书的作者汉德利认为，在内容创作领域，创作者不应该被划分为 KOL、KOC 和普通用户，而应该被划分为认为自己能做好的人和认为自己做不好的人。

事实也的确如此，如果我们认为自己能够做好视频号，我们就会去找很多方法；如果我们认为自己做不好视频号，就会去找很多借口。方法会帮助我们形成良好的习惯，而借口只会让我们变得越来越随意、越来越散漫，并最终把我们带向一事无成的境地。

旅游自媒体人房琪 kiki 曾经在她的视频号中介绍过自己创作视频内容的好习惯，如图 7-3 所示。她说，她的视频内容全都是由她和她的男朋友两个人完成的，包括拍摄、文案、剪辑、导演等。60 秒的视频，每周可以更新 5 次，两个人的内容产出抵得上一间中型工作室的产出。为了不让惰性有机可乘，他们删掉了手机上最喜欢玩的游戏，在全年无休的行程里，白天拍摄，路上剪辑，有些视频甚至是在飞机上剪出来的。除此之外，他们还拒绝了各种工作之外的社交活动，强制断网，专心写作。

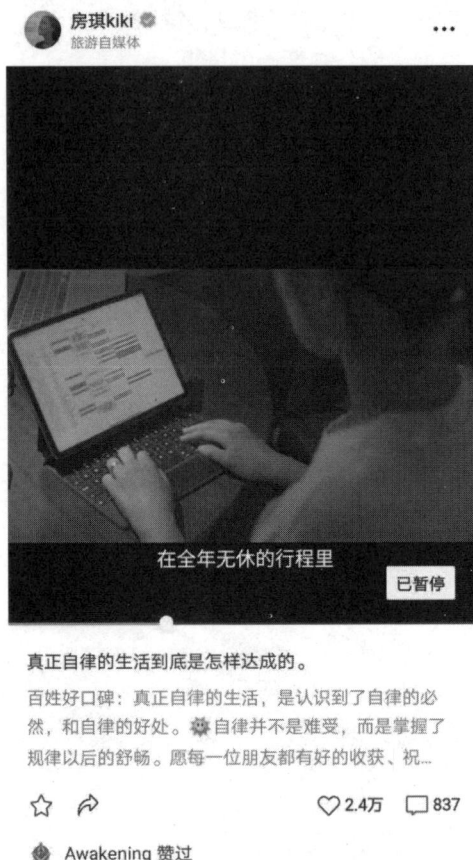

图 7-3　房琪 kiki 的视频号内容

对于大多数普通的内容创作者而言，在想要做好视频号之前，必须先问清楚自己一个问题——我能像那些成功的自媒体人一样坚持下来，形成这些良好的内容创作习惯吗？如果能的话，恭喜你，你已经进入了"认为自己可以做好视频号"的用户行列了。

但是据我观察，我们中的大部分人是很难养成像房琪 kiki 所说的这些习惯的，很多人做了三天视频号之后，发现连 20 个粉丝都没有，到第四天就泄气了。说句真心话，在内容创作这个领域，我认为有想法、有创意固然重要，但是能够坚持下来，把自己想要表达的东西变成文字、变成视频的人，才是最可敬的。哪怕最后他没有成为自己期待中的 KOL，在这个坚持的过程中他也一定会收获良多。

为什么要重视视频号？其实前面我已经讲过了，因为在互联网上我们的每一句话、每一个镜头都在向整个世界昭示着我们究竟是谁。我们的视频号内容不仅能让我们拥有漂亮的皮囊，更能让用户触碰到我们有趣的灵魂；既能够把我们塑造成一个有温度、有深度的专家，也能够把我们肤浅、粗俗、邋遢的一面展示给这个世界。视频号就是我们的代言人、发言人或者说是数字替身，而且直到目前，它依然是一份被严重低估了的社交资产。

有了习惯，有了重视，其实想要了解视频号的游戏规则并不困难。在这点上，除了去看那些介绍视频号推荐算法的文章，我强烈地建议大家自己每天花上 1 小时甚至更多的时间坐下来，静静地去研究你在自己的视频号页面刷出来的大量热门内容和朋友点赞的内容，好好分析这些内容为什么会被点赞、会被推荐给你。研究个十几天之后，你就会发现自己慢慢找到了创作和运营的感觉，而这种感觉是光听别人讲所无法获得的。

当然，视频号还处在内测阶段，其游戏规则一直处于不断调整的过程中，2020 年 6 月改版之后的推荐算法已经与年初刚开始内测时的算法大相径庭，因此要保持随时学习、随时调整、随时改进的心态。

第三，不断地练习，直到形成自己的创作风格。

作为普通用户，我们不能把视频号的内容创作当作创意和艺术来对待，否则会觉得这些创意让自己高攀不起。所以我强调大家要不断地练习、持续地改进。就好像刘德华在《练习》那首歌中唱的，"我已开始练习，开始慢慢熟悉。"按照 10000 小时定律来看，练习的次数越多，熟悉的程度就会越高，你也就越有可能创作出更高水平的视频号内容。

简单来说，普通用户想要成为视频号高手，最关键的策略就是不断去练习，不要停下你创作的脚步。这就好比写作，尽管有时候会遇到各种各样的困难，但我坚持要求自己平均每天有不低于 2000 字的内容产出。创作视频号内容也是同样的道理，尽管有时候它未必是一件快乐的事情，但我坚信每天坚持下去，它一定是一件对你有价值的事情。所以我们才会看到很多人发布视频号内容的时候要加上一句"这是我坚持打卡视频号的第××天""视频号满××天"这样的话，如图 7-4 所示。

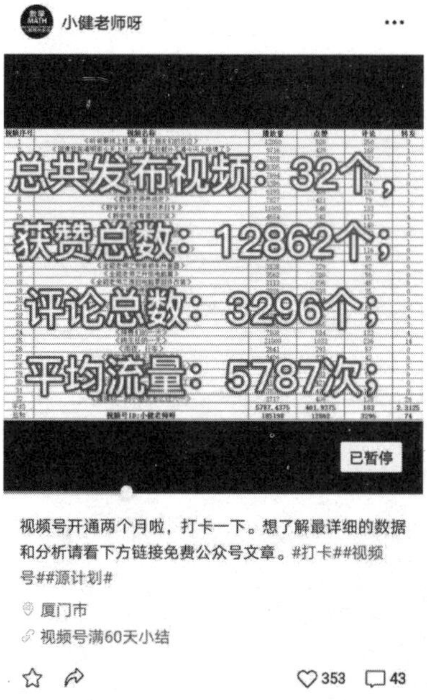

图 7-4　视频号中的坚持打卡内容

对于大部分人来说，坚持 7 天是可能的，坚持 70 天也是咬咬牙就可以完成的，但真正坚持 700 天甚至 7000 天，那就是一件非常困难的事情了。因此我在前面就对普通用户说过这句话：不要对你的视频号期待太高，除非你能持续不断地坚持下去。

但是这里我还需要强调的一点是，如果视频号不是你的主业，也不是你的主要收入来源，而你也并不是一个全职的自媒体从业人员，一定要记住汉德利的这句话：周末花 5 小时来创作与一周每天花 30 分钟来创作，所产生的价值并不等同。我认为，普通创作者，尤其是刚刚开始创作视频号内容的用户，应该每天花上 30~60 分钟的时间，全身心地投入内容创作中去，而不是专门腾出一块完整的大段时间来做。因为如果一周只练习一次，那么这件事情我相信你坚持不了多久，而视频号也很难帮助你成为更好的自己。

7.2 企业如何玩转视频号 IP

对于企业来说，在新冠疫情给全球的经济发展笼罩上一层阴影的境况之下，虽然大家都已经深刻地意识到了向数字经济和移动营销转型的必要性和迫切性，并且纷纷试水短视频营销和直播带货等新的手段。但我觉得这拨儿操作背后更多的是一种病急乱投医的短期慌乱行为。从长期来看，很多大中小型企业并没有真正想清楚自己在未来的十年时间里应该怎样创新自己的营销模式。

而这种全新的营销模式最主要的表现就是以内容为核心驱动力的"人—货—场"关系的重构，如图 7-5 所示。这种重构将过去相互分离的人、货、场高度压缩并聚合在了消费者的手机屏幕上，它以内容尤其是视频内容为催化剂与连接器，以在线体验、移动支付和电子商务为手段，实现了用户从关注内容到关注商品，再到产生兴趣、产生欲望，直至最后下单支付的即时化。

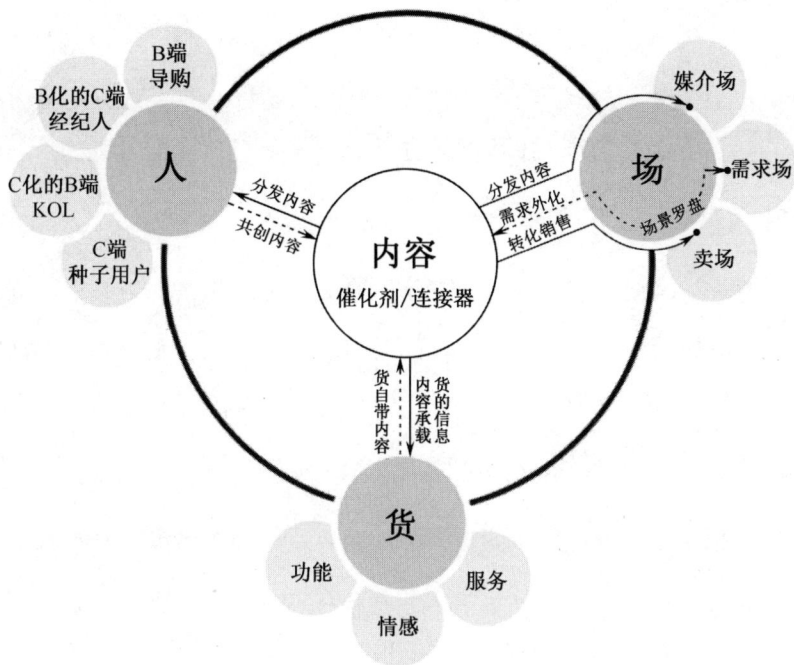

图 7-5 "人—货—场"关系的重构

当内容成为驱动企业营销乃至整个经济增长的新要素之时，一切企业都将成为内容公司或媒体公司。这已经不是什么新鲜的论断了，但遗憾的是，很多企业，无论是大中型企业，还是小微型企业，对这样的发展趋势仍然视而不见。

远的如曾经红极一时的凡客诚品，近的如正在风口浪尖上的瑞幸咖啡，老的如格力空调，新的如完美日记，这些企业表面上看好像还在原有的产业边界之中，但仔细研究你就会发现，它们一直在不停地向整个市场上的消费者输出各种各样的内容：概念、话题、娱乐、争议、情怀及生活方式。正是通过这些内容，它们才与消费者不断地产生了信息连接、功能连接、情感连接和体验连接，并在各种可能的场景下将这种连接转化为交易。

在未来的数字化营销过程中，营销的核心是内容，内容的核心是 IP，企业最大的一个转变，应该是从打造一个成功品牌向打造一个成功 IP 转变。因为品牌更主要的功能在于帮助消费者形成认知和记忆，但 IP 最大的价值则是促成连接、建立信任并催化购买。

因此我建议企业在入局视频号的初始阶段，就认真考虑好自己应该如何打造一个成功的 IP，并且与其他 DTC（Direct To Consumer，直接面向消费者的营销模式）渠道或平台形成一种营销合力。事实上，相比起其他平台，我更看好视频号能为企业营销带来的巨大价值，原因有以下三方面。

1）视频号是在微信社交网络中的视频号，它的所有内容都是基于真实社交关系的点赞、评论和转发，容易形成信任背书，从而进一步促进转化。

2）视频号是在公众号、朋友圈、小程序等微信生态中的视频号，它的商业闭环是清晰且顺畅的，能够在最短的路径之内达成营销到销售的转化。

3）视频号是全年龄段消费者的视频号，因为微信是一个全民安装的超级应用，而不仅仅是年轻消费者的聚集地，这使得我们能够将线下的商业生态迁移到微信生态中来，真正在视频号的内容驱动之下彻底实现生活、生产与消费的 O2O，也就是李笑来老师所说的"微信互联网"。

那么企业应该如何基于视频号及更多的短视频平台来打造成功的 IP 呢？

企业视频号 IP 的主要价值和定位方法

IP，是 Intellectual Property 的缩写，主要指具有知识产权的作品、符号、商标或专利等，是一个抽象的概念。现在普遍提到的超级 IP 就是非常受欢迎的人设、形象或作品，通过 IP 授权或贩卖可以获得巨大的市场价值，基于 IP 的短视频带货和直播带货也能够为企业创造巨大的价值。

对于短视频来说，它的 IP 价值主要体现在以下几个方面。

1）短视频 IP 是创作者综合能力的体现。试想，那多光鲜亮丽的电视人，为什么一直没有利用自己的一技之长在短视频领域有大的作为、形成大量的 IP 作品？其中很关键的一点在于 IP 不仅仅考验一个人的拍摄和剪辑能力，更重要的是还考验策划能力、创意能力、营销能力及运营能力等。因此，短视频作品只是短视频 IP 的产品形式之一，但短视频 IP 却对创作者提出了更高的要求。

2）短视频 IP 具有更强的议价和变现的能力。短视频《李老鼠说车》节目在播放第三期的时候就得到了车企赞助商的认可，这就是 IP 的赋能。只要短视频 IP 的内容足够垂直，在用户观看时就已经完成了目标用户的筛选，因此用户画像就会非常明晰。事实证明，导购类、生活类、评测类短视频，就比传统广告更加接地气和抓人心，比如开箱芭比娃娃、鲱鱼罐头测评等，在吸引观众注意力方面还有很大的潜力空间，推荐算法为其匹配的用户精准程度也较高，点击率和完播率也会较高。

3）短视频 IP 能可以衍生更多元化的内容生态。短视频 IP 带来的不仅有规模经济，还有范围经济。前者指的是爆款 IP 能够持续获得更高的流量，后者则是指爆款 IP 可以在持续短视频输出形成的光环效应之下，继续开发出与现有 IP 高度相关的短视频矩阵、新媒体矩阵、内容矩阵甚至商业价值矩阵。比如，基于现有 IP，可以开发漫画、游戏、电影、网剧等内容，短视频 IP 中的人物也可以通过代言广告、进军影视、跨界合作等方式发挥自身的价值。

对于企业的营销来说，泛娱乐内容的特点是内容普适性强、传播力强，主要是搞笑、明星、八卦、社会、情感等内容，但是这些内容的用户成分复杂，没有统一标签，并不一定能够带来真正有效的转化。

而且，在泛娱乐领域，短视频市场的竞争已经白热化，但垂直领域因其细分化、专业性、用户人群精准等特征，依然有着非常大的发展潜力。因此，打造垂直领域的短视频 IP 将是短视频行业发展的重要方向之一。

下面是短视频 IP 垂直定位的几种方法。

1）**用户规模定位法**。垂直细分领域的最大特征是用户数量的增长会遇到天花板，因此在对自身的短视频 IP 进行定位和孵化之前，必须对细分领域的用户规模有一个清楚的了解。选择那些用户规模相对可观的垂直领域，并提前制定好包括获客方式和获客成本的最佳方案，与垂直定位无关的用户就无须去争取了。除非确有必要，否则不要选择只有几千、几万用户群体的垂直领域，在这样的领域即使做到第一也没有太大意义。

2）**用户需求定位法**。从用户需求角度，垂直类的 IP 定位能够与用户需求产生较强的关联性，例如英语学习就是一项非常典型的需求，基于这一需求而定位的"MrYang 杨家成英语"就将英语学习的需求与音乐、娱乐、戏精表演等元素结合在一起，紧扣用户学习英语过程中的各种需求和痛点，从而在某短视频平台获得了 900 多万的粉丝规模。用户需求定位法的好处在于，平台的各种分发方式触达的目标用户相对比较精准，从而可以与用户建立一对一的密切关联。

3）**优势资源定位法**。第一种是专业方面的优势，例如历史、金融、计算机、外语、会计等，自己在这些领域的积累比别人要丰富很多。第二种是外部资源的优势，例如景区资源、专家资源、销售渠道资源等。第三种是阶段身份方面的优势，例如读博、考研、育儿、留学、装修、晋职、疾病等，只有处于这个阶段才会有这方面的体会，才能与更多同处这个阶段的用户建立垂直话题的连接。第四种是兴趣爱好方面的优势，美妆、健身、二次元、星座、手工、宠物等，在自己的兴趣领域深耕，能够比其他人做得更好。

4）**人格标签定位法**。这种定位方法主张把人物 IP 化或者把 IP 人格化，比如创作者本身的性别、年龄、职业、性格、爱好、怪癖，关键性的事件和标志性的动作等，越具体越好，都可以成为短视频 IP 的某种人设或标签。这种人格标签定位法具有更立体的内涵和外延，从而吸引更精准的短视频 IP 粉丝。

垂直类别的 IP 有很多种，对 IP 进行垂直定位的方式也多种多样。360 行的垂直领域，只要做得好、做得精，行行出状元。企业应该选择一个自身所处、自己熟悉的领域精耕细作，每家企业都有机会打造出具有一定影响力的爆款 IP。

企业视频号 IP 的关键特征与核心要素

总的来看，无论是视频号还是其他短视频平台的成功 IP，都有如下几类特征。

1）**自带流量**。IP 是自带传播属性和流量属性的内容产品。试想一下，如果《西游记》中的孙悟空来到了现实世界，是不是就会有大量的群众前去围观？如果他来到了视频号，是不是就会有巨大的流量到视频号上去观看他的短视频或直播？如果他开了武术培训班，是不是就会有家长带着孩子去报名？

这就是 IP 自带流量的特征。

2）**连接符号**。移动互联网时代，信息过剩而注意力稀缺，从而造就 IP 化表达，使 IP 成为新的连接符号和话语体系。可以说，短视频 IP 自带势能，它以人的连接为中心，而非简单的短视频内容推送，尤其是在视频号的内容平台上，基于社交关系的内容连接更加明显。基于 IP 思维的企业视频号创作，可以暂时不考虑最终形成什么样的商业模式，只需要先赢得垂直领域中的粉丝的好感并与他们建立连接和互动，就可以依靠这群粉丝来实现最终的商业价值。人格化是 IP 连接的核心，IP 连接的关键在于能否人格化呈现，对于企业而言尤其如此，这与以往打造品牌的策略完全不同，人格化就是内容人格化及表达人格化，这是超级 IP 无限拓展和产业创新的基础。

3）**持续输出**。内容既是 IP 的起点，又是 IP 的内核，移动互联网时代，短视频产品的生命周期越来越短，所以内容的持续输出能力比拥有和开发爆款产品更为重要，而这正是 IP 与非 IP 的区别。拥有好的 IP 的创作者能够将短视频产品的创作过程工业化和流水线化，最终依靠持续的输出击败那些随意化表达的内容创作者。在这一点上，企业化的视频号与个人化的视频号相比起来，将会拥有更大的优势。

4）**情感共鸣**。IP 的灵魂在于其蕴含的影响力。唯有洞察用户的内心并且做出让用户有情感共鸣的内容，才能"撩拨"人心。如果企业的短视频 IP 只有画面呈现与音乐表达，没有在情绪、心理、精神层面与用户产生共鸣，最终只能变成一种"自娱自乐"。因为有情感，所以用户才会产生亲切感和认同感，因为这种情感能真实呼应并唤醒人们的情绪，所以用户才会与之互动、交流并产生某种消费冲动。

超级 IP 至少应包含四个核心要素，如表 7-1 所示。

表 7-1　超级 IP 的四个核心要素

核心要素	内容
呈现形式	这是 IP 的最表层，是观众直观感受的层面。比如中国风风格，国内目前已有的作品中并不缺乏武侠、清宫、唐服等流行元素，再比如朋克、星际、科幻等流行风格。很多 IP 作品仅仅停留在了第一层
故事	故事是打造 IP 的一种工具，几乎所有的用户都喜欢听故事。但如果只关注故事的讲法，也相当具有局限性。故事是人物在特定情景下的经历和选择，本身会受文化环境、时代背景及媒介性质的限制
正向元素	IP 的正向元素是指人物对世间美好事物的追求，如爱情、亲情、正义、尊严等。这一层开始注重核心，即开发 IP 的深层内核
价值观	价值观是 IP 最核心的要素，风格选择、人物设定、故事发展等都是可被替换的因素，但真正的 IP 应有自己的价值观，不只是给人故事层面的快感，也不是短、平、快消费后的短暂狂热

以上关于超级 IP 的四个核心要素的提法也可以应用到短视频 IP 上来，但我们还可以更进一步将短视频 IP 的核心要素具体化，以便在着手打造一个属于自己的短视频时有所参照。表 7-2 总结了一个成功的企业视频号 IP 所应该具备的七个要素。

表 7-2　成功的企业视频号 IP 的七个要素

要素	详细解释
形象	体现 IP 的可辨识性。颜色、头像、卡通形象、特殊造型等所有可以让用户在海量的移动信息流中第一眼就认出来的要素，都可以融入 IP 形象的打造中去
人设	体现 IP 的可连接性。主要是指短视频内容中的主要人物的性格设定，也可以指短视频账号本身的设定，鲜明的人设能够对用户形成吸引力，并促进粉丝的转化和留存
风格	体现 IP 的可复制性。画面的风格、语言的风格、内容的风格、叙事的风格等，不但可提高辨识度，还能够形成 IP 自有的"套路"，从而提升内容创作的效率
故事	体现 IP 的可信赖性。故事能够拉近 IP 与粉丝之间的距离，在娓娓道来的过程中消除隔阂、戒备与怀疑，让粉丝对 IP 产生信赖

续表

要素	详细解释
价值	体现 IP 的可共鸣性。故事是价值的载体和呈现形式，价值则是故事的升华，它既包含感性层面的情绪、情感，又包含理性层面的"三观"，价值的共鸣最终形成了短视频 IP 的"人以群分"现象
体系	体现 IP 的可持续性。内容的创意模式、生产流程、更新频率、运营策略、开发思路和变现方法等构成了短视频 IP 赖以持续发展的体系
生态	体现 IP 的可延展性。也就是可以在短视频 IP 的基础上，拓展丰富的内容形态、新媒体矩阵、子 IP 项目或各种各样的商业模式，从而使其价值最大化

企业视频号 IP 的打造原则与具体步骤

企业在打造视频号 IP 的过程中要遵循几个基本原则。这些原则并不是所有 IP 都适用，但你可以参考其中的某几项原则，对自身的 IP 开发进行更加细致的规划。

1）"一家独大"原则。很多新媒体领域的创作者都梦想着将自己的优质内容产品打造成一个超级 IP，但在打造过程中经常会犯的一个错误就是广泛撒网，在不同的内容形态、不同的新媒体账号方面较为均衡地投入精力和资源。这种做法是不对的，内容经济不是平台经济，不可能赢家通吃，尤其是在前期，最好的做法就是集中力量办大事、办一件事、做一个 IP。对于那些擅长制作短视频的创作者，首先要把短视频 IP 做好，然后再考虑新媒体矩阵的事情。

2）"一网打尽"原则。在一个平台或者一个领域已经比较成功地开发出短视频 IP 之后，就可以考虑布局短视频矩阵或者新媒体矩阵了，毕竟任何一个短视频 IP 的所有粉丝群体并不会全部集中在一家短视频平台上，甚至还有些潜在用户未必有观看短视频的习惯，因此要面向全网进行全媒体化的内容分发，最大限度地覆盖更多的目标用户群体。

3）"一鱼多吃"原则。这个原则可以从两个层面来理解：第一个层面是指同一内容可以通过短视频、微电影、网剧、小说、动漫、游戏及影视剧等多种形态进行开发；第二个层面则是拍摄的短视频素材可以针对不同平台的特征进行不同版本的加工制作。

4）"一衣带水"原则。在现有 IP 已经成型的基础上，还可以适当开发新的垂直类 IP 或子 IP，使其与现有 IP 既有区别又有关联，从而形成内容互补。这时，可以通过现有 IP 的粉丝群体为新 IP 进行导流，从而使新开发的 IP 成功的概率更大。

5）"一如既往"原则。无论哪类细分领域的垂直 IP，都应该追求面面俱到、日日创新，否则粉丝的注意力就会失焦，他们不知道这个 IP 究竟想做什么、表达什么。因此，从长远看，一个视频号 IP 的内容形式、主题、风格等要有一定的延续性和稳定性，而不是一味求新求异。经典 IP 剧《乡村爱情》从第 1 部到第 12 部虽然引入了很多新的面孔，但是其主要人物、故事情节、喜剧风格等都没有大的调整，其海报如图 7-6 所示。与此相反，另一个大 IP "老干妈"却因为更换配方而流失了大量的忠实粉丝。

企业视频号 IP 的具体打造步骤如下。

第一步，组建团队。尽管目前依然有不少短视频 IP 采用的是单人自编、自导、自拍、自演、自剪、自运营的作战方式，但在日益激烈的竞争过程中，团队化的作业方式具备更明显的优势。企业的视频号 IP 打造是一项长期而艰巨的任务，把那些各有所长的人才整合在一起会形成更大的合力，图 7-7 所示是视频号 IP 团队的基本配置。

图 7-6　经典 IP 剧《乡村爱情 12》海报

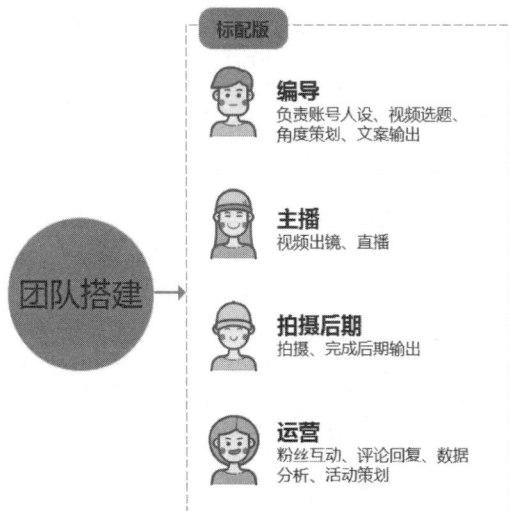

图 7-7　视频号 IP 团队的基本配置

第二步，形成模式。这个模式是专属的，是其他 IP 很难复制的，比如独一无二的主人公、屡试不爽的"三板斧"，或者另辟蹊径的"蹭热点"等。视频号 IP 的打造不同于艺术创作，它更强调短视频作品的批量化、工业化生产，只有形成专属于自己的模式，才能源源不断地提供短视频产品，从而沉淀成一个 IP。因此，对于企业而言，没有模式就没有 IP。

第三步，强化互动。一个成功的视频号 IP 必须具备坚实的"群众基础"，这就意味着仅仅通过各种渠道获得粉丝还不够，还必须与粉丝保持人格化、情感化的频繁互动，除了要在视频号平台的评论区与粉丝互动，还应该在其他短视频平台、微信平台、微博平台、知乎平台、小程序工具甚至线下活动中强化与粉丝的互动程度，以确保 IP 人设时时在线，从而建立起与粉丝的情感连接和信任基础。必要的时候甚至还可以设置粉丝绿色通道或者进行电话互动。

第四步，合理变现。成功的视频号 IP 不能只叫好不叫座，它还必须能够实现合理的变现，对于企业而言更是如此。较为典型的变现方式就是短视频带货。垂直类的视频号 IP 由于其粉丝群体的精准性，更容易在短视频带货方面有所作为。因为，短视频内容可以帮助用户更快地做出消费判断，充当了用户做出消费决策的重要向导。谁能够在用户看完短视频时促使其进行"最后一次点击"并将其转化成购买，谁就向 IP 变现迈出了成功的一步。

第五步，多维开发。2019 年 8 月，由@小情书 LOVOTE 的情感类短视频孵化而来的网络电影《一封小情书》在爱奇艺上线。从 3 年内更新的 184 期短视频，到 85 分钟的网络电影，"小情书"IP 完成了一次不同内容形态之间的迭代升级。而且通过 IP 共建，让以短视频为源头的网生内容 IP 迸发出了

新的生命力。事实上，不局限于搞笑、情感或故事类的短视频，任何垂直领域
的短视频也都可以被开发成多元化的内容产品，关键的问题在于找到合适的
切入点进行多维开发。大体来看，短视频 IP 的多维开发可以分为依次开发、
一对多开发、多对多开发及同步开发几种方式，如图 7-8 所示。

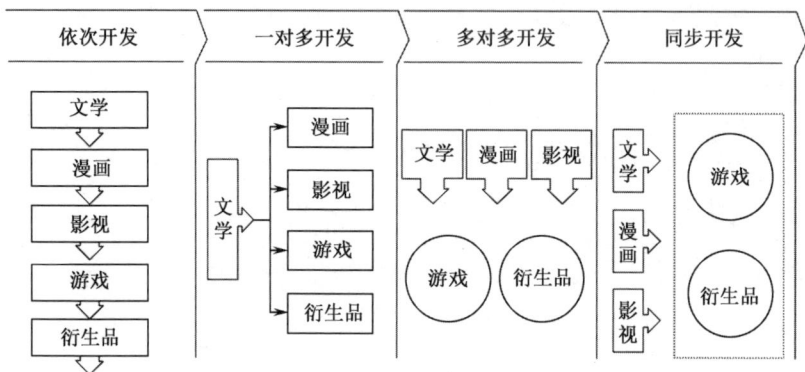

图 7-8　短视频 IP 的多维开发方式

第六步，精耕细作。不同视频号 IP 在各自垂直领域不断发展，会对整个
细分领域中的各类机构和产业链中各个环节的痛点、难点越来越熟悉，这时，
企业视频号 IP 的业务也开始从初期单纯的内容创造和矩阵布局进一步升级为
行业解决方案、跨界创新等，例如教育类短视频 IP 可以整合专家、教育机构
和学生需求，从而创造一种全新的在线教育模式。垂直类视频号 IP 因为其粉
丝群体的画像清晰而具备了这样的潜力，其本身的资源整合优势一旦被大数
据、机器学习、区块链等新技术激活，就能够围绕细分行业发展的多样化需
求，提炼出丰富的数据、知识、经验和解决方案，从而形成从短视频创作到行
业创新的完整闭环。这时，一个个垂直类视频号 IP 就摇身一变，成了行业重
新洗牌的助推器。

7.3 放开你的想象，再大胆一点

当前，很多内容创作者，无论是已经拥有上百万粉丝的 KOL，还是默默无闻的普通用户，很多企业，无论是传统制造业巨头，还是刚刚创立的中小型企业，对于尚未全面向所有用户开放的视频号仍然持一定的观望态度。

我个人的观点是，在这件事情上应该遵循互联网思维中"唯快不破"的原则，先搭上这班列车再说，至于列车开到哪里会停下来，现在没有必要为腾讯操这份心。我们要做的就是，上了车找个座位坐下来，然后再继续不断地研究怎样在这趟列车上达成自己的目标。

自媒体大 V 粥左罗在他的公众号文章中曾经一针见血地说："在这一点上你不懂判断风口没关系，你盯着那些懂的人，他们的一举一动都在释放信号，跟着他们走，基本没错，他们往往有个团队，判断更专业，他们的圈子决定他们的信息比我们更快一步。我一定要做视频号，是因为那些最会抓风口做流量的人都入驻了视频号，而且你看他们的数据就知道，这里面红利巨大！"

我想，他的态度值得我们好好学一学，尤其是那些仍在犹豫不决、徘徊不前的个人和组织，都应该更大胆地迈出第一步，开通自己的视频号，毕竟连万茜这么火的明星、薇娅这么忙的直播达人、李子柒这么红的自媒体红人都开通了视频号，这些人都比我们的信息更灵通，我们有什么好犹豫的呢？

再比如，很早就开通视频号的蘑菇租房联合创始人龙东平，在大家还在犹豫要不要做视频号的时候，早已经收获了好几拨儿视频号红利，比如他个人的知名度和影响力提升了，他的企业蘑菇租房的商业合作也增加了。他自己在《创始人 CEO 为什么要重视微信视频号》这篇文章中说："你一定一定一定要花足够多时间关注、研究视频号，这是微信的'大杀器'。朋友圈的展现形态将由现在的图文并茂彻彻底底进入一个以好友短视频为动态的形态。"

当然，对于那些还在观望的个人和组织，除了谨慎，还有一点或许就是，这些人尚未看清视频号究竟将会在整个短视频行业中及整个微信生态中扮演一个什么样的角色，它完整的价值闭环究竟是什么样的。

事实上，我猜张小龙和马化腾或许也没有彻底看清楚、想清楚，我们何必为了这么一个没有答案的终局而停下自己前行的脚步呢？试想一下，微信刚刚上线的时候，谁会知道两年之后三大电信运营商的短信功能将会死在微信手中呢？再试想一下，小程序刚刚上线的时候，谁会知道两年之后它居然能够覆盖我们生活和消费的方方面面呢？

与微信生态中的大多数产品一样，我认为视频号对我们工作、学习、生活和社交等方面的影响不会像原子弹爆炸那样在瞬间完成，而是会悄无声息地在几年之内对它们进行渐进式的改造。而我们能做的就是，不要等到变革快完了，自己才纵身跳进去，而是现在就热情主动地去拥抱它所带来的种种变革。

至于它将会把我们带向何方，我相信，身在其中的人会比冷眼旁观的人有更多的思索和探索。不要等，不要等到全看明白。马云曾经说过，普通人对待一件新事物的态度会经历"看不见—看不起—看不懂—来不及"几个阶段。等有一天你真的看懂视频号了，所有人也都能看懂了，那时候恐怕真的就来不及了。

最后还要再次强调一点就是，视频号不是单纯的短视频平台，它是微信生态中的一个短内容平台，它的玩法将会比其他短视频平台的玩法更加多样，就像一千个读者心中有一千个哈姆雷特一样，一千个视频号的创作者也将会有一千种玩法。所以，为什么要追求彻底看清、彻底看懂、彻底看明白呢？每个人、每个组织，都应该现在就开始，探索出一种只属于自己的视频号玩法。

我相信，这才是视频号的终极形态——大象无形！